DU DIVAN À LA SCÈNE

Serge J. Minet

Du divan
à la scène

« Dans quelle pièce je joue ? »

MARDAGA

© 2006 Pierre Mardaga éditeur
Hayen 11 - B-4140 Sprimont (Belgique)
D. 2006-0024-02

A Domi, dans le silence des coulisses.
Olivier, Vincent, Julie, mes conteurs du temps,
Cécile et Laurent, sur l'autre scène.
Sophie, l'ingénieuse cyberwoman
Merci à Fabian, mon régisseur de mots.

Il faudrait écrire avec du feu.
Il n'y a qu'une écriture : c'est la chair même de l'homme,
la vie humaine.
C'est la fin et la détresse, la naissance et l'amour, les liens,
les combats, le savoir et la nescience, l'œuvre — le passage.
Non point seul, mais plusieurs qui font un,
chacun selon son nom propre.
Voilà l'écrit !
Si donc quelqu'un écrit, comme moi en ce moment,
avec un porte-plume, ce n'est rien, c'est une trace misérable,
c'est ce qui doit s'effacer...
Ou, s'il y a des écrits qui demeurent, c'est parce qu'ils ne parlent
que là, dans la vie humaine, et pas dans leur texte !

Maurice Bellet[1]

« Que suis-je, moi-même ? Qu'ai-je fait ?
Tout, ce que j'ai vu, entendu, observé, je l'ai recueilli
et m'en suis servi.
Mes ouvrages sont révérés par mille individus différents...
J'ai souvent moissonné le champ que les autres ont semé.
Mon œuvre est d'un être collectif qui porte le nom de Goethe. »

Johann Wolfgang von Goethe

Préface

Du divan à la scène — le théâtre, une audace thérapeutique? Voilà un livre dont la lecture ébouriffe le chef de celui qui a les habitudes bien peignées du discours universitaire ou des constructions psychanalytiques. Si le titre parle de divan et de scène, l'image (qui le supporte et qui s'impose, nue et sans fard) expose une figure féminine bien charnelle, abandonnée aux fastes et aux voluptés d'une hypnose intime et aux plis savamment théâtraux de fastueuses draperies, en quelque loge secrète et indiscrète, bien éloignée de la rigoureuse géométrie des concepts. Il s'agit pour notre auteur de montrer un parcours singulier, jalousement indépendant des doctes et des critiques, des glossateurs et des commentateurs autorisés. Il n'en ignore pas cependant les doctrines, enseignements, principes et théories, comme il se voit en de nombreux tours de pages. Serge Minet ressemblerait davantage à un aventurier ou à une sorte de corsaire (l'audace n'est-elle pas, d'emblée, son pavillon?). Il a en effet pris quelques risques, outre ceux que comporte obligatoirement celui même de l'acte théâtral : les risques d'y confronter les logiques de sévères institutions comme le pénitencier, l'hôpital, l'asile. Dans sa traversée de navigateur — ne peut-on en effet considérer le corps rêveur de son odalisque de théâtre comme sa propre nef confiée aux vagues enchevêtrées d'incertains océans? — navigateur solitaire, ou presque (car il faut saluer, dans ce parcours, la présence discrète mais sensible de Poupée Borreman, sa co-thérapeute), il se nourrit de tout ce qui peut contribuer à former son projet fondamental, celui de proposer une version originale de théâtre thérapeutique. L'on voyage donc en bonne compagnie. Je ne cite que quelques-uns de ces référents rassurants : pour le théâtre, Artaud, Brecht, Stanislawski, Strasberg, Jouvet, Dario Fo, Brook ; pour la thérapie, Moreno, Schultz, Winnicott, Sheleen, Prinzhorn, Jung... Ce n'est que petit à petit que se révèle la pratique concrète de l'animateur de cette théâtro-thérapie, une pratique marquée par une volonté obstinée de marier le corps et le verbe, le spontané et le construit, le cathartique et le symbolique, l'improvisé et l'interprété. Ce faisant, il prend une place particulière dans le champ controversé des diverses formes de ce que l'on appelle confusément l'art-thérapie. Plusieurs voies s'ouvrent aujourd'hui dans ce champ à vrai dire encore peu organisé. La question délicate est celle de savoir comment associer de la façon la plus juste, la plus respectueuse des personnes et la plus attentive aux possibilités et aux limites des méthodes exercées, la pratique d'un mode d'expression artistique (et l'on sait que le théâtre actuel fait se rencontrer quasiment tous les arts) et la pratique à visée thérapeutique. Il faudrait souhaiter ici une réflexion soutenue sur ce que l'on entend par « thérapie » et ce que ce vocable à succès prend comme sens lorsqu'il figure dans la sociothérapie, la psychothérapie. Le divan, évoqué dans le titre du livre, appellerait encore un débat sur la psychanalyse, mais celle-ci, même si elle est présente métonymiquement, n'est pas réellement l'objet de son propos. Propos qui pourtant invoque plusieurs de ses notions. C'est essentiellement le jeu et la scène, la parole et le groupe qui intéressent notre auteur. La voie qu'il choisit n'est à vrai dire pas la plus simple. En effet, une première position, dans l'appel fait aux ressorts du jeu théâtral pour obtenir un mieux-être des personnes, serait de se fier purement et simplement aux ressources transformatrices potentielles du théâtre en tant que discipline extrêmement exigeante et de se tenir à ce que peuvent produire, par elles-mêmes, les pratiques bien cadrées (par des comédiens professionnels avertis) de l'improvisation et de l'interprétation dramatiques. S'il y a un effet thérapeutique, dans ce cas, il est tout à fait imprévisible, incalculable et inprogrammable : il ne peut être qu'indirect, inattendu comme, au reste, il peut aussi — et il faut clairement le savoir — ne pas être au rendez-vous. Il peut être naïf et périlleux de croire que pousser quelqu'un à s'exprimer ne peut lui apporter que du bien... Pour ma part, j'inclinerais pour cette première position. Une deuxième position, nettement déclarée par le créateur du psychodrame ou certains thérapeutes de groupe, c'est de mettre certaines techniques utilisées dans la formation des comédiens et acteurs au service d'une visée définie à l'avance et quasiment institutionnalisée que ce soit dans le domaine pédagogique, social ou dans le domaine psychiatrique. Dans ces contextes, on peut utiliser les techniques d'expression et de jeu scénique pour observer des comportements, pour d'établir ou affiner un diagnostic, pour accompagner des pratiques d'apprentissage ou de normalisation, pour provoquer des prises de conscience individuelles ou collectives, pour améliorer le sentiment d'estime de soi, pour élargir le registre de l'expressivité, de la sociabilité. Dans ces cas, les ressorts du théâtre sont instrumentalisés, c'est-à-dire subordonnés à une autre visée que théâtrale. Le théâtre y est un outil, un moyen d'expression mais pas une création autonome. La position de Serge Minet diffère de ces deux positions qui sont d'une certaine manière relativement aisées à définir. On y retrouve sans aucun doute certaines aspirations de la première (fort présentes dans certaines citations) mais aussi quelques modalités de la seconde, la plus évidente étant le propos psychothérapeutique, fortement inscrit dans le cadre spatial et temporel de sa pratique. Les exercices mis en œuvre, et dont on mesure à quel point ils visitent toute une série de disciplines artistiques (jeu scénique, travail de la voix, masque, modelage, marionnettes, etc.) sont bien ceux auxquels se rompent de futurs comédiens ; mais le dispositif, inspiré du travail de Laura Sheleen et de Moreno, est structuré par une visée psychothérapeutique qui fait converger l'ensemble très riche des exercices d'improvisation et d'interprétation vers la mise en paroles de ce qui a été vécu, ressenti, pensé, projeté au cours des jeux (soit en position d'acteur soit en position de «public»). Le «paroli» et le lieu du public matérialisent cette invitation assez impérieuse d'en passer par l'aveu de la parole partagée collectivement. On y reconnaît le moment initial et initiatique de la psychothérapie cathartique de Jozef Breuer, aux commencements de la psychanalyse. Cette pratique du «théâtre thérapeutique», dont il donne par touches successives, et aussi au travers de témoignages de participants, les modes d'action apparaît comme très prometteuse dans l'aide apportée aux personnes, qu'elles soient curieuses de découvertes personnelles ou interpersonnelles, ou désireuses de sortir de certaines impasses existentielles. Mon souhait serait que cette expérience qui s'est construite sur des années, trouve une scène où s'expliquer davantage sur ses choix fondamentaux, sur ses conditions de réalisation, ses succès et ses échecs et aussi sur un aspect tout à fait important de la faisabilité d'une telle pratique, à savoir les modalités de sa mise en place dans des institutions. Sur ces questions qui sont aussi de politique et d'éthique, Serge Minet aurait encore bien des choses à nous dire ! La complexité ainsi démontrée de la longue expérience qu'il nous conte si passionnément fait la richesse de ce livre qui, j'en suis persuadé, soulèvera enthousiasmes et questionnements. Toutes ces aventureuses navigations sur les mers de l'expressivité et de la création humaine, quelle que soit la nef où l'on s'embarque, laissent au théâtre son irréductible paradoxe et sa foncière ambiguïté.

Jean Florence
Docteur en psychologie.
Licencié en philosophie.
Professeur aux Facultés Universitaires Saint-Louis et à l'UCL.
Président du Centre d'études théâtrales.

«Si le livre parle de divan et de scène, **l'image**...»

* n.d.a. : Jean Florence évoque le premier projet de couverture qui reproduisait un tableau d'Eugène Delacroix «La Femme au Perroquet» où l'on voyait une femme nue vautrée sur un divan de tissus et entourée de tentures.

Prologue
Dans quelle pièce, je joue ?

Il peut arriver que dans des situations particulières, nous nous surprenions à nous demander, ou à pourfendre le discours de l'autre, par ce questionnement soudain et hors de propos : « *Mais dans quelle pièce, je joue ?* » ; comme si, par inadvertance, nous devenions spectateur de notre théâtre ou acteur mû dans celui d'un autre, sur une scène qui esquive la réplique, confond les genres et les rôles. La mise en scène, la trame, les rebondissements, l'intrigue, sont des pages froissées, déjà lues ou réécrites, de notre histoire. Les rôles attribués ou substitués, au cours de l'existence, ont autorité pour maintenir la permanence du théâtre de la vie. Les costumes chatoyants ou les oripeaux habillent toujours le personnage, bien au cœur du drame qui se joue ou de la comédie qui se dénoue. Le rôle attribué, au fil des actes de l'existence, est connu de tous, par cœur ou par nécessité. Il n'y a pas de place pour l'improvisation ; il s'agit de répéter, sans cesse, le scénario écrit et scellé par les grands Auteurs. Haro sur celui qui confond la sortie, côté cour ou côté jardin, qui se maintient, tête basse, dans l'attente du héros, qui pourchasse plutôt le salaud.

Quel est cet espace qui se creuse, mettant en acte et en paroles un jeu récurrent, où les personnages s'évitent, s'entrecroisent, dans l'ignorance des répliques des actes, jusqu'à l'abaissement d'un rideau iconoclaste ?

La saga familiale, avec ses enjeux, ses particularismes, ses rituels et ses mythes, est la première pièce qui ouvre les rideaux de notre existence : en cette terre du passé, les ombres de l'histoire se reflètent sur les murs de la cave suintante de la mémoire.

Bien des actes ont été joués dans les générations précédentes, bien des acteurs ont tenu les premiers rôles ou n'ont fait que passer ; bien des fantômes surgissent des armoires ou des coffres entrouverts, et perpétuent ce quelque chose qui a originé le fondement, le rythme, les tons et les intrigues de la pièce qui se joue dans notre aujourd'hui : ce théâtre, dont je suis actuellement acteur ou metteur en scène, passant des coulisses au plateau, en répétition ou en représentation, reproduit à

l'envi les scènes déjà jouées, les monologues éculés, les dialogues assourdissants, de l'autre scène.
Dans quelle pièce, je joue ? Dans la mosaïque de mon histoire, quelle est ma place, mon rôle ? Quelles sont mes places, mes rôles ? Que m'a-t-on imposé ? Que m'a-t-on transmis et que fais-je, moi, de tout cela aujourd'hui ? Que m'a-t-on caché ? De quel secret indicible suis-je porteur ? Quels scénarii ai-je mis en scène ?

La transmission familiale incite à se maintenir conforme et à se différencier : l'infans, enclin par les dieux à taire la parole toujours hésitante, se doit, dans le respect de la loyauté d'appartenance, d'inventer, de transgresser, d'exister, d'être en soi, d'être au monde, de se démarquer du groupe familial. Formuler la question «*Dans quelle pièce, je joue ?*» indique, parfois avec précision, les rôles que nous avons dû tenir et qui nous ont été assignés dans l'aménagement de notre destin. Par loyauté ou par défi, nous avons rompu ou maintenu la permanence du rôle et de la fonction mises en place par le mythe familial.

Le théâtre instaure et déploie la parole retenue ou oubliée. « L'outil de la transmission est la mémoire, en l'occurrence la mémoire familiale. (…) Mais la mémoire familiale, c'est aussi et surtout le processus par lequel on est autorisé ou non à disposer des informations, à y accéder. La mémoire familiale est essentiellement un processus de sélection de ce qu'il convient d'oublier pour soutenir, maintenir, transmettre le mythe d'un groupe familial[2]. »

La théâtrothérapie livrera une partie de l'histoire du sujet, non toute la mémoire. Comme le dit Sartre, dans *Saint Genet, comédien et martyr* : « L'important n'est pas ce qu'on fait de nous, mais ce que nous faisons nous-mêmes de ce qu'on fait de nous. »[3]

Dans l'improvisation théâtrale, la réalité et l'imaginaire s'interpénètrent, et continuent à diffuser la transmission des fautes ou des erreurs, à reproduire des actes réparateurs, comme en écho à la dictatoriale nécessité de maintenir son rôle dans la nouvelle pièce mise en scène : les actes ou les rites familiaux, présentés au regard du spectateur, attestent de leur vivante présence et amplifient la force agissante de la transmission intergénérationnelle. L'auto-analyse verbale, qui suit une improvisation théâtrale, dans une séance de théâtrothérapie, assure au participant la possibilité d'envisager la création d'autres scénarios et de procéder au changement de rôle ou de décors. La rencontre avec l'acte créateur, dit Jean Florence, est une relation avec l'inconnu, relation envisagée comme prometteuse de changement mais qui implique, comme en thérapie, abandon et renoncement.

L'évocation de l'Histoire de la famille ou des petites histoires de famille, met en forme la relation et l'altérité : se situer soi, comme unique dans son rapport à la ressemblance, à la conformité et à l'originalité. Qui suis-je ? Qui est l'autre ? L'autre est moi, l'autre et moi, l'autre hait moi, l'autre émoi. Le m'aime et l'autre. Toutes ces propositions de l'altérité relient l'un à ce qui existe chez l'autre. La vie coule entre soi et l'environnement proche. Au risque de se perdre. La coexistence juxtaposée des acteurs nous montre à voir le plaisir solitaire de l'existant à côté de l'autre, hors du souci de se sentir, en permanence, dans l'équivaloir relationnel. L'espace scénique enfante cet autre qui n'est pas moi, qui n'est plus moi, ou cet autre qui est déjà moi, et transforme le lieu vide en une aire de procréation.

C'est dire combien le thème de ce prologue nous tient à cœur dans notre pratique thérapeutique et constitue bien souvent le fondement du questionnement de vie et l'enjeu du rapport aux autres dans le surgissement de l'improvisation. Le théâtre, une grande famille et une Histoire de famille.

Siegi Hirsch[4] dit à Fossion et Réjas[5], « alors que l'histoire est une narration non émotionnelle, une description des faits, la mémoire, quant à elle, est une association d'émotions et de sentiments, ravivée par un incident de la vie quotidienne. »

Le théâtre d'improvisation ravive aussi la mémoire, fruit de l'insu et de la nécessité, qui tend vers l'obligation du souvenir, et met en œuvre le champ thérapeutique. Fossion et Réjas[6] relatent aussi que cette distinction entre « mémoire » et « histoire », se singularise dans la tradition juive du *Sheymes* qui se rattache à l'obligation de se souvenir. Et d'évoquer Le poème de Primo Levi (1987) :

> *N'oubliez pas que cela fut*
> *Non ne l'oubliez pas :*
> *Gravez ces mots dans votre cœur.*
> *Pensez-y chez vous, dans la rue*
> *En vous couchant, en vous levant*
> *Répétez-les à vos enfants*
> *Ou que votre maison s'écroule*
> *Que la maladie vous accable*
> *Que vos enfants se détournent de vous.*

Introduction
Le théâtre, une audace thérapeutique?

L'art peut-il guérir? L'art a-t-il sa place parmi les moyens thérapeutiques existants qui privilégient tantôt la parole, tantôt le corps comme voies d'accès à la souffrance? La production d'œuvres d'art ou la fréquentation d'ateliers artistiques peuvent-elles annoncer des espoirs thérapeutiques bénéfiques, alors que l'art pour l'art n'a pas de vertu curative, à priori? Freud écrit : « à l'inverse des productions asociales narcissiques du rêve, elles (les œuvres d'art) pouvaient compter sur la sympathie des autres hommes, étant capables d'éveiller et de satisfaire chez eux les mêmes inconscientes aspirations du désir. » De même, que peut nous dire la psychanalyse de l'œuvre artistique? Freud admet que « l'analyse ne peut en effet rien nous dire de relatif à l'élucidation du don artistique, et la révélation des moyens dont se sert l'artiste pour travailler, le dévoilement de la technique artistique n'est pas non plus de son ressort. »

Le théâtre peut-il ouvrir ce nouvel espace pour une émergence de la parole mise en acte? Le théâtre peut-il s'inscrire comme un espace intermédiaire, autre qu'un simple monde chimérique, mais où le lieu et l'acteur ouvrent le temps de la rencontre entre le dedans et le dehors, la parole et le corps, l'illusion et le réel, la folie et la raison?

L'art se suffit à lui-même, il n'a pas besoin de l'alibi du discours sur le monde inconscient de l'artiste; l'œuvre est possédée de toute l'histoire de l'artiste, elle n'a nul besoin du regard de l'analyste; l'œuvre est la lucarne entrouverte sur la scène de ce lieu et de cet instant.

Elle œuvre par ce qu'elle nous montre, et nous cache d'elle. La dimension thérapeutique ou auto-thérapeutique de l'artiste s'élabore dans la mise en forme de ses fantasmes, de ses angoisses, de ses mystères de l'acte créateur qui échappe au regard. C'est le temps de l'intime rencontre, de l'enfantement de ce quelque chose que l'artiste vient puiser dans l'incandescent magma de son être. Intime et secrète rencontre d'où jaillit, avec la matière, la pulsion de la forme, dans le silence et dans le cri. L'artiste n'est pas à l'aise sur le divan de l'analyste, il n'a que peu de chose à dire de son œuvre, qui ne dit pas autre chose que ce que le spectateur regarde, ou désire voir. L'analyste s'emberlificote sur scène ou dans l'atelier du potier, il ne peut pas suivre le mouvement qui échappe au mot. L'œuvre est déjà dépossédée de l'artiste, du geste créateur, loin de ce moment solitaire. Elle renvoie à l'imaginaire du regardant, qui ne pourra pas éviter la provocation d'être mis à nu dans le creux de ses fantasmes et de son imaginaire, ou de son manque ; il lui appartiendra alors de se mettre en œuvre.

La thérapie est-elle un art ? Le thérapeute est celui qui rejoint l'individu au cœur même de la souffrance indicible ou de la désespérance. Il fait chemin avec, l'accompagne au rythme de sa marche, ni trop pressé ni trop lent, lui proposant aussi des instants de repos ou d'errements, par des chemins de traverse. Il ne le dépassera en rien. Il portera les outils nécessaires à la reconstruction de son œuvre intérieure. Il est dépositaire de « l'art du soi », des outils et de leur maniement ; il peut aussi enseigner à son apprenti que le ciseau ou la scie, empoignés avec art et maîtrise, prolongent la force du bras dans l'effort de consolidation ou de réparation.
Veilleur de l'âme, il fait marche avec l'homme souffrant ; il est aussi l'écoute, tout attentive, de l'homme fatigué, égaré, ou de l'homme qui, embrouillé dans ses conflits intérieurs, souffre de l'absurdité de la vie, de sa vie. Il lui offre l'empathie, la spontanéité et la créativité comme alternatives aux silences et aux interprétations de ces analystes de divan de salon.

Du divan à la scène, le thérapeute sait, comme dans le non-savoir de Socrate, son ignorance de la trame de l'autre et des solutions à préciser. C'est là aussi tout son art. Mais il sait aussi que par son attitude réceptive et créatrice, par l'art et le théâtre en particulier, il met en œuvre un temps initiatique conduisant au voyage, vers l'autre scène : celle où le thérapeute interprète la nouvelle cohérence entre la parole et l'acte, tant dans la maladresse que dans le génie créateur de chacun, en lien avec l'échange primitif des hommes debout.
Le thérapeute, au sens de Philon d'Alexandrie, était recruté dans un groupe d'ascètes juifs ; il était celui qui prenait soin de l'âme humaine, de la psyché, pour guérir les passions. Il acquérait sa capacité non par un enseignement universitaire ou des connaissances médicales, mais par une ascèse rigoureuse et constante appliquée sur lui-même et sur ses passions... Il est amusant d'évoquer à nouveau Freud, qui, pour assurer la pérennité de son œuvre, avait créé un comité secret réunissant ses adeptes, tels que Hanns, Rank, Ferenczi, Abraham et Jones. A chacun, il offrait une bague, avec un graphique helléniste, en signe d'appartenance et de consécration à la déposition de son message.

La création participe à un déclenchement de la mise en acte sans nécessité d'une parole, par l'intermédiaire de l'art et de sa capacité créatrice, réconciliant le corps et l'esprit, l'intrapsychique et le relationnel.

Passer *du divan à la scène*, c'est accomplir le passage du « spéculaire » au spectaculaire, traverser le miroir pour rejoindre le regard de l'altérité, ne montrant pas pour autant le visible mais rendant visible, comme le dit Paul Klee. « Car il s'agit, comme l'écrit Jean Florence[7], d'accéder à l'espace et au temps du spectaculaire lui-même où il n'est plus question d'expliquer, de réfléchir ou de se renvoyer ses propres imageries, mais de se laisser saisir et dessaisir, trouver les mots et les perdant aussitôt, spectateur sans spectacle ou spectacle sans spectateur d'une Poésie, qui ne vit qu'une fois, qui n'existe qu'à se répéter. »

Du divan au divin ? L'art thérapie nous met en œuvre, en mouvement de vie, en état de transcendance et d'incarnation dans l'acte créateur.

Mais, comme le précise Broustra, l'art thérapie n'est pas de l'art, parce qu'elle n'est pas encore de l'art ; elle se situe juste à cet endroit avant que l'art ne commence. La thérapie par l'art théâtral n'est finalement pas très éloignée de l'injonction qui faisait rage au cours de la révolution de mai 1968 : « *Soyons réalistes, demandons l'impossible* ». « Tous les jeux de l'art (et aussi de l'art de guérir) ne sont que des imitations lointaines du jeu infini du monde, cette œuvre d'art qui se crée indéfiniment[8]. »

La fonction du théâtre est d'élaborer et de mettre en forme (en scène) l'Histoire et les histoires de l'homme. « Le théâtre naît de la mise en scène de la différence (...) : pour se définir, et définir les limites de son identité, un groupe doit avoir quelqu'un qui le survole, l'enveloppe, le symbolise (...), c'est la fonction du roi et de tout pouvoir en général (...). La différence n'existe au départ, que pour être sacrifiée, et c'est là tout le paradoxe sinon de l'humain, du moins du social (...) ; si le roi doit être sacrifié, alors même qu'il représente le groupe, c'est parce qu'il incarne la différence sans laquelle il n'est point d'identité sociale. Mais il le contredit par son existence même, et pour cette raison, il doit subir le sacrifice que l'identité de la tribu se maintienne (...). Le sacrifice est donc une fête qui voit la différence disparaître (...). La tragédie est en réalité un sacrifice symbolique de la différence (...) ; le pouvoir, pour survivre, doit arriver à représenter sa propre mort, son propre sacrifice, afin de ne pas avoir à le subir en réalité, ce qui suppose une victime de remplacement qui le symbolise[9]. »

Déjà entre 1797 et 1811, Monsieur de Coulmier, directeur de l'Asile de Charenton, a eu l'audace de présenter dans sa clinique des pièces de

théâtre comme élément de thérapie confiant au marquis de Sade la direction d'une troupe théâtrale ; en effet, il considérait « la comédie comme un moyen curatif de l'aliénation de l'esprit ». Et de citer un témoignage d'Hippolyte Colins :
« On trouve à l'hospice de Charenton, une fois par semaine environ, des comédies, des opéras, des drames. Le spectacle est ordinairement composé de deux pièces. On y a ajouté quelquefois un ballet et à la fête du directeur, un feu d'artifice pour lequel on a fait payer six francs aux parents des malades. Pour attirer du monde à ce spectacle, on n'a pas manqué de répéter partout que ce sont des fous qui jouent eux-mêmes ces pièces et que tous ceux d'entre eux qui sont susceptibles d'être spectateurs ont l'avantage d'y assister. Aussi accourt-on de toutes parts à ce spectacle. Chacun peut voir une aussi grande merveille et être témoin des effets prodigieux que cette aimable invention produit sur les aliénés. C'est par ce moyen, disent les louangeurs complaisants de Monsieur le directeur, qu'on ramène graduellement les fous à la raison, qu'on éloigne de leur imagination toute idée fausse, qu'on les met peu à peu en contact avec les objets extérieurs ; et le public qui, le plus souvent ne peut pas, ou ne veut pas examiner les choses de plus près, est presque toujours dupe de ces jongleries (...). Le directeur de ce spectacle, le Maître de déclamation et même autrefois l'un des principaux acteurs est l'auteur de "Justine". On n'ose plus l'avouer aujourd'hui mais la chose pour demeurer secrète n'en est pas moins vraie.[10] »

Le concept d'art-thérapie est récent[11] : la rencontre entre la psychiatrie et le monde artistique date du début du siècle. En France, Réja (L'art chez les fous) met en évidence les capacités créatrices particulières des patients en proie à la maladie mentale. En Allemagne, Prinzhorn (Expression de la folie) crée son concept de *Gestaltung* (mise en forme) : il voyait dans la maladie une dynamique créatrice qui allait à l'encontre de la conception déficitaire de la folie. La psychanalyse retiendra de la leçon que l'art est un moyen pour le sujet d'appréhender la réalité en privilégiant l'aspect dynamique du processus créatif. Freud montre que l'art permet de jouir de ses fantasmes sans culpabilité et en restant impuni. De même, Jung considère que l'instinct créateur est aussi fondamental que la faim, la sexualité, la réflexion et le besoin d'activité. Ou encore Winnicot qui considère « la créativité comme la coloration de toute attitude face à la réalité extérieure, (...) et donne à l'individu que la vie vaut la peine d'être vécue. »[12]

Aujourd'hui, le théâtre thérapeutique s'est fait une place parmi la diversité des disciplines thérapeutiques. Le Professeur Isidore PELC, Chef du service de psychiatrie du Centre Hospitalier Universitaire Brugmann à Bruxelles, a confirmé l'audace de Monsieur de Coulmier et a inscrit la théâtrothérapie dans les services thérapeutiques offerts à la patientèle.

Si nous disposons de traitements médicaux, nous avons aussi des psychothérapies spécifiques qui peuvent agir sur les traitements efficaces. La psychothérapie va puiser dans les ressources originales et permettre que se déploient le changement et le développement personnel.

Le théâtre thérapeutique est une voie d'accès à l'exploration de l'inconscient, à l'expression de la souffrance, l'expérience de la relation, et incite à devenir ce que nous sommes, c'est-à-dire, soi, rien que soi, mais tout soi en étant un autre, le temps d'une scène.

J'ai voulu, tout au long de cette quête, réfléchir, comme le praticien de l'art de la parole, sur ses contours, ses conséquences, ses origines, ses silences, ses inspires et ses expires, ses mots et ses maux : cette réflexion vise les premiers linéaments de cet essai. Ensuite, des hommes enfermés (en prison) dans leurs silences ou leurs cris, et qui jouent dans une autre pièce, vont vivre l'expérience d'un autre théâtre, décrit comme le lieu d'une intégration sociale, d'une expérience de participation, de solidarité et de prise en charge de la réalité, derrière les murs épais de l'isolement et l'enclave barbelée de la contrainte.

Enfin, le lecteur parcourra les derniers pas de ce mouvement par une présentation d'un modèle thérapeutique de l'art thérapie qui utilise le théâtre comme médiateur : là, après l'ouverture des rideaux, on est invité à s'asseoir et à comprendre le fonctionnement, les rituels, la trame de la nouvelle *pièce qui se joue*.

Action !

La flamme fatale

Je me souviens de l'authentique séance de cet analyste, qui, placé comme il se devait, derrière sa patiente couchée sur le divan, marquait sa bonne écoute professionnelle par une série de « mh, mh » qui rythmaient la séance. Ses ponctuations sonores témoignaient tout autant de son souci de ne manifester ni son avis ni son interprétation, que de son désir d'encourager la libre association ou autre lapsus privilégiant ainsi la juste distance thérapeutique enseignée dans les diverses écoles du Maître. Au cours de la séance, la patiente, toujours allongée, s'exprime brutalement :

Patiente : — « je me sens aujourd'hui très agressive... »
Analyste : — « mh, mh ? »
Patiente : — « je n'avais pas envie de venir aujourd'hui. »
Analyste : — « mh, mh... »
Patiente : — « j'en ai marre que vous ne disiez jamais rien ; et puis, cette analyse ne sert à rien. »
Analyste : — « mh, mh ? »
Patiente : — « je serais capable de foutre le feu à vos horribles rideaux, que je vois, depuis des mois, de ce divan, si vous ne me retenez pas ! »
Analyste : — « mh, mh ?... ! »

A cet instant, la patiente se lève, se dirige vers les rideaux et, brandissant la « flamme fatale », brûle le rideau. Lui, rompant tout aussitôt avec sa « rock and docte attitude », et tout analyste de la stricte observance qu'il fut, se précipite pour éteindre le début d'incendie.

No comment... mh, mh !

Sigmund Freud après avoir pratiqué l'hypnose, décrétée comme étant la meilleure technique pour soigner les névroses, revint sur les bienfaits de ce modèle, après quelques mois (1890), le qualifiant alors « d'incertain, et qui a quelque chose de mystique », les symptômes finissant par ressurgir ailleurs ; il suggéra d'utiliser *l'association libre*, autorisant aussi ses patients à choisir, librement, le sujet de parole du jour. Le divan convenait à propos pour favoriser la détente et la libre association. Notons toutefois que si Freud a allongé ses patients sur le divan, c'était non seulement pour leur bien, mais aussi pour le sien, lui qui ne supportait plus d'être, pendant huit à dix heures par jour, dans le face à face permanent et l'observation réciproque avec ses patients. Coincé dans ses propres inhibitions, empêché de fermer les yeux, à l'entendu des longues plaintes de ses analysés, il eut le génie de faire allonger le corps impatient du patient, de le mettre en repos, comme un gisant, dissimulant une partie de l'«en-corps» de l'être, dans la libération de l'agir du discours : l'analysé, par le relâchement corporel, accédait alors aux couches profondes de son inconscient.

Corps immobilisé, parole en mouvement, du vu à l'entendu, au détour d'un discours du regard ne re-gardant plus ce qui ne doit plus être vu. Cette transformation de la méthode thérapeutique est à considérer comme une révolution en rapport avec les leçons spectaculaires et magistrales de Charcot, et plus particulièrement de celles consacrées à l'hystérie et l'hypnotisme, du show, dirions-nous, auquel Freud a assisté pendant quelques mois (1884-85) au cours de sa formation de neurologie, le mardi à la Salpêtrière. Charcot avait, disait-il, «une nature d'artiste, il n'était pas un homme de réflexion, ni un penseur».

Son œuvre était décrite comme «une clinique de l'effervescence, vivante avec du bruit, des odeurs, des explosions et des excitations». Babinski, un de ses fidèles élèves, reconnaît que Charcot «eut le tort de faire ses cliniques sur la grande hystérie et sur l'hypnotisme non seulement pour des médecins mais aussi pour un public non médical; ses leçons attiraient les gens du monde, des acteurs, des littéraires, des magistrats, des journalistes, des hommes politiques et quelques médecins. La présentation des sujets en état de léthargie, de catalepsie, de somnambulisme, de sujets présentant des crises violentes, ressemblaient trop à de la mise en scène théâtrale». Freud, qui fut son élève, ne manquera pas de modifier la démarche thérapeutique qui donnait un corps hystérique à *panser* par les vertus explosives ou implosives des symptômes et contraindre peut-être à la guérison, dans un spectacle curatif.

L'approche de Freud sera plus discrète et intimiste, initiant le topique à *penser* par une rupture définitive avec la théâtralité première de l'acte de soins afin d'assurer l'assise, ou la couche, d'un corps qui se fait parole, en un lieu du dire. Alors que Charcot avait montré que l'on pouvait provoquer des symptômes hystériques, Breuer (qui fut professeur et ami intime de Freud et traita Anna O.), puis Freud, montrèrent que les symptômes disparaissaient par une parole de l'inconscient, en éveillant des souvenirs, là où les affects sont étouffés par les émotions. La voie royale de l'inconscient était ainsi tracée, par le chemin le plus long, et par de multiples sentiers de traverse, donnant accès à l'imaginaire et aux symptômes, sinon à la fonction de la maladie.

Le malade imaginaire

Quel diagnostic différentiel pourrait établir le spécialiste de la maladie mentale entre l'hystérie et l'hypocondrie ? Je lui laisse le soin de la communication mais, à mon avis, et dans le domaine qui me préoccupe, le lien entre ces maladies peut se trouver, en partie, dans la création du *Malade imaginaire,* en 1673. En créant *Le Malade imaginaire* Molière, ignorait que la pièce allait faire de lui un vrai malade que l'écriture et l'interprétation de son rôle constituaient un défi trop lourd à relever pour sa santé fragile.

Lui, vrai souffrant, « fort incommodé d'un rhume et d'une fluxion sur la poitrine qui lui causait une grande toux », souffrant, sans doute, d'une pathologie pulmonaire avec des troubles respiratoires chroniques, interprète un faux malade, Argan, dont le trouble est de se (faire) croire indisposé, et de convaincre les savants qu'il a un grand besoin de remèdes et de médecine, alors qu'il est en parfaite santé. La force imaginative d'Argan et son profond égoïsme vont préoccuper les médecins et la médecine qui ne pourront traiter ce faux vrai malade, ou ce vrai faux malade, que par des remèdes inefficaces et peu actifs sur un homme en si bonne santé. Un seul remède le guérira, un remède imaginaire contre une maladie non moins imaginaire : il sera « fait » médecin, malgré lui.

Le Malade imaginaire, s'il est une belle leçon de lecture diagnostique sur l'hypocondrie, n'en est pas moins une peinture satyrique et féroce de la médecine de l'époque qui se trémoussait dans de doctes discours, entre purges et saignées, et qui paradait dans le culte d'une toute-puissance du plus bel effet auprès d'une cours de gentilshommes et de courtisanes. Les temps ont-ils vraiment changé ?

Vrai malade, Molière, irradié par la force et l'amour des planches, continue à vouloir démontrer que l'on ne peut pas être vraiment malade pour jouer, avec un semblable registre d'énergie, le rôle de ce faux malade. La théâtrothérapie confirmera l'effet thérapeutique premier du passage des coulisses à la scène, du silence à la mise en acte, pour la personne en mal de vivre. Cependant, il a commencé à se sentir mal durant la représentation du *Malade imaginaire*, et fut renvoyé par ses partenaires chez lui, en chaise à porteurs, après la quatrième représentation. Sa femme, Armande Béjart, cherchera des médicaments, mais à son retour, après des violents efforts de toux, Jean-Baptiste Poquelin rendit l'âme, entre neuf et dix heures du soir, le 17 février 1673, auprès de Couton, un gentilhomme, « entre les bras de qui il est mort ».

NOTES

[1] Maurice Bellet, *La Voie,* p. 135, Desclée de Brouwer, Paris, 2000.
[2] Robert Neuburger, «*Le mythe familial*», ESF, 1995.
[3] Pierre Fossion et Mari-Carmen Réjas, op. cit, p. 141-142.
[4] Siegi Hirsch, thérapeute et formateur, a été l'un des premiers en Europe à utiliser et transmettre des modèles qui ont inspiré les thérapies familiales et institutionnelles. Déporté à 17 ans, il est un des survivants des camps de la mort. Il séjournera dans sept camps différents, dont Birkenau, Auschwitz et Buchenwald.
[5] Pierre Fossion et Marie-Carmen Réjas, «*Siegi Hirsch : Au cœur des thérapies*», Editions Erès, 2001.
[6] Ibid, p. 150.
[7] Jean Florence ; Théâtre et psychologie ; « Le spéculatif, le spéculaire et le spectaculaire » ; Fac. Universitaire St Louis, Bruxelles, 1968.
[8] F. Schlegel, «Gespräche über die Poesie» in *MinorJ.* (Hrsg), Friedrich Schlegels Jugendschriften, 1982, cité par Grete-Anna Leutz., «*Mettre sa vie en scène*», Epi, 1985.
[9] M. Meyer, «*Le comique et le tragique — Penser le théâtre et son histoire*», p. 1 à 21, Chap. 1, PUF, 2003.
n.d.l.r. : L'ouvrage de Michel Meyer rassemble tous les noms de ce ceux qui ont fait l'histoire du théâtre, depuis deux mille ans, et nous relate avec passion, la logique historique entre comique et tragique. A lire absolument !
[10] Hippolyte Colins «*Notice sur l'hospice de Charenton, un Journal inédit du marquis de Sade*», Gallimard, Paris, 1963.
[11] P. Maldague, C. Ronveaux, S. Minet, A. Seghers. *Le héros et le chœur : résonance d'une rencontre et l'appui à ma singularité.*
[12] D.W. Winnicot, *Jeu et réalité*, p. 91, Gallimard.

Chapitre premier
DE LA PAROLE...

> « Etre une voix que l'on entend, cela est dans la condition de l'homme de former des mots dans sa gorge ; la plupart n'expulsent que du bruit quelques-uns libèrent la parole ».

Herbert LE PORRIER [1]

Du silence

> « Parle, si tu as des mots plus forts que le silence, ou garde le silence »
>
> Euripide — Pensées

Le silence, l'acte pur de la parole, révèle ce qu'il faut savoir et pouvoir pour entrer dans l'exercice de la parole. Le « se taire » précède le « savoir » et le « pouvoir ».

L'école ascétique Pythagoricienne[2] constituait une société secrète initiatique qui prescrivait au candidat un silence de cinq ans pour maîtriser l'art de se taire ; le « parler » appartenant à ceux qui avaient acquis le savoir de leur parole par cet art de la concentration.

« On ne demande pas à l'initié, dira Aristote, d'apprendre quoi que ce soit, mais de subir dans l'état d'esprit voulu ».

Le « silentium » des moines procure la quiétude et l'endurance nécessaires au déploiement de la vie intérieure et ouvre un espace où s'unifieront ses pouvoirs épars. Ainsi Saint Benoît (480-547) débute-t-il sa Règle par ces mots : « Ecoute, mon fils les préceptes du maître... » ; cette invitation initiale au silence trouvant un prolongement consolidant : « donc, même s'il s'agit de propos bons, saints et édifiants, en raison de l'importance du silence, on accordera rarement aux disciples parfaits la permission de parler » (Règle de saint Benoît, chapitre 6). Cette écoute profonde de l'oreille du cœur initie le novice à la vie monastique.

Le Franc-maçon prête serment de respecter « la Loi du Silence » de ce qui se dit en Loge, pour respecter la totale liberté d'expression des frères. Le nouvel apprenti est aussi tenu de garder le silence, d'écouter et de s'instruire sans bruit : « La tradition initiatique remonte à une époque où les livres étaient inconnus. Qui voulait s'instruire devait alors observer, méditer, deviner et se taire.

Le silence s'imposait, car aucun langage philosophique ne s'était encore formé, si bien que, pour exprimer des conceptions d'ordre élevé, les mots faisaient défaut. La pensée... restait nuageuse et flottante, propre à être évoquée par des symboles, plutôt que de se laisser figer en formules verbales fournissant matière à discussion (Oswald Wirth, Le Maître).[3] »

Le silence est le grand désarroi de notre époque. Il surprend, inquiète, et provoque inexorablement un sentiment profond d'angoisse. Le silence est insupportable car il fige sur place, et violente. Alors, le moindre soupçon de silence est couvert par le bruit, la musique, les mots, le bavardage.

« Bavarder est une manière de se servir de la parole sans s'y confier, sans y risquer sa chair. Le bavardage est le champ clos de la parole constamment reprise ou échangée, le terrain vague des mots qui ne tiennent à aucune détermination du sujet, la voie sans issue qu'empruntent ceux qui "causent" pour ne pas parler "vraiment" (...). Le discours est là le cadre d'une spécularité qui n'autorise plus aucune écoute, plus aucun silence (...). Le bavardage est la fosse commune du langage. Il entretient le chaos derrière une forme de vide de parole — ou derrière une forme de parole vide. Il obture l'ouverture au monde, il comble les absences et les manques, et se referme comme un piège sur le désir, en lui interdisant "tacitement" de naître de la parole et de la dimension d'altérité qu'elle connote[4]. »

Disciples d'Harpocrate, dieu égyptien représenté comme un enfant suçant son doigt et dont les Grecs et les Romains firent le dieu du silence, l'homme se voit être confiné à la mutité, à l'absence, à l'isolement sous les injonctions de multiples «*tais-toi*» ! — ou t'es-toi ? —.

Cette éducation au mutisme — ou au bavardage — a vicié la rencontre avec la splendeur de l'immensité d'un silence qui rejoint la solitude :

« Pourquoi les morts sont-ils si lourds à porter, se demandait Montherlant ? Ils sont lourds de toutes les paroles qu'ils n'ont pas pu dire[5]. »

Le silence ne dit-il vraiment rien quand il se dit ? L'absence des mots-dits — maudits — dans le souffle silencieux aliène-t-elle à ce point l'homme pour qu'il envisage sans concession de se perdre dans le gouffre du remplissage vociférant ou dans les béances de l'autisme ?

Le silence est un temps d'errance, de vagabondage. Il égare provisoirement de la recherche de la vérité de l'instant pour mieux l'y rejoindre, il est, comme le dit Guillevic « le seul bruit qui te ramène à toi et te dilate.[6] » Le silence, matrice de la parole, n'est pas le vide ni l'absence, il est l'espace de l'infini, temps de l'universelle écoute, lieu de la solitude et de la mémoire.

« C'est pourquoi je vais la séduire et je la conduirai au désert et je parlerai à son cœur[7]. »

« Il est une des leçons de l'expérience du désert (désêtre) qui nous invite à oublier la certitude de notre passé, notre passé de certitudes, voire de perdre notre identité pour nous ouvrir au plus intime de la mémoire de notre être en devenir. « Va vers toi-même », disait la bien-aimée au bien-aimé dans le Cantique des cantiques[8]. »

De tous les temps, des hommes et des femmes se sont retirés du monde et ont vécu dans des cavernes, des déserts, des montagnes pour trouver le silence. « Le désert nous place hors des événements dans le pur événement d'être. Là où le temps s'abolit l'espace perd ses limites, là où l'espace est sans limites, le temps est aboli. Ainsi le désert nous conduit aux frontières de l'espace-temps, là où la conscience a si peu de choses à déclarer[9]. »

Il y a, en effet, une qualité du silence dans le calme qui s'étend sur le désert juste après le coucher du soleil, ou dans la quiétude qui envahit les espaces de pierre d'une ancienne abbaye, après le Salve Regina. L'on peut passer de la solitude à l'isolement, comme du silence au non-silence, c'est-à-dire à ce silence plus silencieux que le silence qui mène aux abîmes les plus vertigineux, dans l'opacité du néant et qui, alors, fait le jeu de l'angoisse, cette peur innommable.

« Longtemps, j'ai gardé le silence, je me suis tu, je me suis contenu, je gémis comme celle qui enfante, je suffoque, je cherche mon souffle[10]. »

Le silence, prélude d'ouverture à la révélation de la parole, germe dans la solitude; selon les traditions, il y eut un silence avant la création, il y aura un silence à la fin des temps.

Par la longue cérémonie du silence nous pouvons taire toutes les voix discordantes qui bousculent, entraînent hors de la réalité de l'instant. L'acte silencieux (re)centre dans l'espace de la communication, et dispose l'autre à entrer dans l'écoute du locuteur, pour que sa parole se dépose en lui. Les silences harmonisent la parole, la ponctuent, l'intensifient, et anticipent la profondeur de l'écho du poids de la parole. « Dans cette heureuse nuit, je me tenais dans le secret, personne ne me voyait et je n'apercevais rien pour me guider que la lumière qui brûlait dans mon cœur[11]. »

Déjà dans le silence avant les mots, la parole est encore dans le silence, après les mots : « Le silence qui suit un concerto de Mozart est encore de Mozart », aimait à dire Sacha Guitry.

« Ne dites pas de "faire silence" : arrêtez de faire du bruit. Le silence est là depuis toujours. Ne dites pas de "faire le vide" : arrêtez de produire des pensées. Le vide est là depuis toujours. Ne dites pas je vais au désert : arrêtez d'y aller, soyez déjà ce qui restera de vous, depuis toujours. Offrez vos poussières aux traces du vent[12]. »

De la parole

> Vladimir : « Dis quelque chose »
> Estragon : « Je cherche. (long silence) »
> Vladimir (angoissé) : « Dis n'importe quoi »[13]
>
> Beckett

« Dire n'importe quoi ! » Ne voilà-t-il pas, aux oreilles des hommes, une fonction bien inutile de la parole, une utilisation détournée de son sens, une injure à son efficacité, un sacrilège ?

Mais ce qui est folie aux yeux (et aux oreilles) des hommes, n'est-elle pas sagesse de l'Homme qui cherche à tout prix à garder le lien avec son semblable et à goûter la saveur de sa réponse ?

Dire n'importe quoi, n'est-ce pas désacraliser la parole, lui redonner aussi toute son humanité ? « Dire n'importe quoi » est une fonction (phatique[14]) de la communication qui rassure les locuteurs du bon état de l'échange relationnel dans sa forme dès lors que le contenu du message se dissocie sans doute de l'énoncé ; par exemple, dire « bonjour » à son voisin ne manifeste pas, a priori, le désir profond et sincère qu'il passe une bonne journée : il s'agit au mieux d'une civilité de bon aloi.

La parole, parole en soi, nous dit avant de dire et se dit, malgré elle, nous exprime, malgré nous. Si elle est signifiante avant d'être signifiée, c'est que « le langage ne parle pas pour communiquer, il parle d'abord pour parler. Certes, il peut communiquer, c'est une de ses fonctions premières, mais avant d'être le parler parlant, il est le parler parlé[15]. »

La parole porte, comme elle l'a toujours porté, le masque de la culture dans un dernier sursaut d'apparat. Comme Bonaparte s'est sacré lui-même empereur, la parole s'est ointe, elle-même, de la « culture ». Les mots sont devenus trompe-l'œil d'une architecture discursive baroque. La parole, figée dans le « parler », le « causer », la « connaissance », le « savoir », tait sa quête de la vérité de la rencontre ; les mots ne chantent plus la vie, ils sont complices de l'aphonie de la réalisation de l'être : « le pis, c'est que je soupçonnais les adultes de cabotinage, écrit Jean-Paul SARTRE. Les mots qu'ils m'adressaient, c'étaient des bonbons ; mais ils parlaient entre eux sur un autre ton. Et puis, il leur arrivait de rompre des contrats sacrés : je faisais ma moue... et on me disait d'une autre voix vraie : va jouer plus loin, mon petit, nous causons[16]. »

Il ne manque que peu de choses à l'animal pour franchir le seuil de l'humanité — plus cependant que ce qu'il faut à l'homme pour se vautrer dans son animalité — mais la condition nécessaire, et insuffisante, pour que l'animal devienne homme est la parole : « Si le chimpanzé a la possibilité du langage, mais non pas sa réalité, c'est que la fonction de la parole, dans son essence, n'est pas une fonction organique mais une fonction intellectuelle et spirituelle.[17] »

L'homme est l'animal qui parle. Il se singularise par ce don partagé, le don de la parole et, doué du dire, « l'homme a parlé son geste car le cri est aussi compris dans la nuit », murmure DARWIN. Voilà bien chez l'homme une responsabilité et une ambition qui laissent pressentir combien la victoire sur l'animal, sur l'animalité, sur les autres et sur lui-même, va se renforcer par la puissance de la parole, aux risques des contradictions, des mal-entendus, des mal-dits.

« L'acte de prendre la parole ouvre à l'homme le champ de l'homme (...). En prenant la parole, l'homme ouvre une faille dans la cohérence du monde aussi bien que dans celle de l'idée qu'il en a. Par elle, il a prise sur le monde en même temps qu'il se déprend de l'image qu'il en faisait. La parole manifeste dans le monument du discours et de la langue, la fissure cicatrisée ou béante de l'ambiguïté de l'homme qui n'est jamais réellement ce qu'il dit être, pur réel ou pur imaginaire. L'installation confortable dans l'un ou l'autre domaine lui demeure impossible. En surgissant, la parole noue et dénoue ces deux ordres, les empêchant de se clore une fois pour toutes sur eux-mêmes. Elle est la béance, la bouche qui maintient le discours ouvert sur le monde et qui permet au monde de faire irruption dans le discours.

La limite dernière de l'homme est une ouverture, un trou et l'homme s'essaye constamment à la franchir en tentant à tous âges de se fermer définitivement la bouche... par l'élaboration d'un discours qui rendrait parfaitement compte du monde réel[18]. »

Par la parole, l'homme se crée une opinion sur le monde, il le conceptualise : la parole accomplit la pensée tandis que l'alternance « pensée et parole » réalise définitivement l'humanité de l'homme ; la pensée se cherche dans la parole qui l'incarne dans le langage.

Lorsque l'homme perd le langage, il s'aphasie et se trouve décentré de la réalité cosmique, « comme déchu de cet univers dans lequel l'émergence de la parole l'avait fait entrer [19]. »

La parole, porteuse de la mémoire de notre histoire et de nos histoires, tandis que nous la possédons, c'est elle qui nous possède, puis nous dépossède pour finalement venir se chavirer dans nos entrailles. Notre cœur et notre corps dessinent les traits d'une parole consommée ou retenue : le temps de la parole est « un temps qui parle au présent d'un avenir lié au passé [20]. »

« Ce que je cherche dans la parole, dit Jacques Lacan, c'est la réponse de l'autre. Ce qui me constitue comme sujet, c'est ma question. Pour me faire reconnaître de l'autre, je ne profère ce qui fut qu'en vue de ce qui sera. Pour le trouver, je l'appelle d'un nom qu'il doit assumer ou refuser pour me répondre. Je m'identifie dans le langage, mais seulement à m'y perdre comme un objet. Ce qui se réalise dans mon histoire, n'est pas le passé défini de ce qui fut puisqu'il n'est plus, ni même le parfait de ce qui a été dans ce que je suis, mais le futur antérieur de ce que j'aurai été pour ce que je suis en train de devenir [21]. »

Surgissant à l'aube de notre vie, cette parole a inscrit notre être dans son rapport à l'autre, parfois le Tout-Autre. Elle peut aussi se retirer dans la silencieuse confusion, où le mot devient « maux ». « J'ai mal à mes mots, j'ai les maux des mots, sans les mots des maux ». Domestiquée et banalisée, la parole n'a que peu de mots pour dire ses maux, au risque de perdre son rôle et sa puissance alchimique, éloignée de la transmutation lumineuse, nous l'avons éteinte dans l'ombre.

« La parole invite. Elle sert à table et offre nourriture. Elle ne dit pas un mot de trop ! Elle ne pousse pas, elle ne tire pas. Mais sa nourriture est amère au corps habité de tristesse.

Elle ouvre le lieu confiné au grand air libre. Elle laisse entrer la lumière solaire. Elle ne parle pas *sur* les choses ; elle agit, elle fait être, elle éveille.

Elle dévoile et manifeste, elle défait l'aveuglement la surdité. Elle touche, comme une main soignante, la plaie de la détresse. Elle tranche ; mais pas du tout à la façon dont nous jugeons, nous qu'il faut trancher : puisqu'elle ne retranche rien, ne brise rien, qu'elle est l'onction de l'huile et du baume qui répare toute coupure et dislocation. Car si elle sépare c'est d'avec cette manière que nous avons de séparer. Si telle est la parole, on voit qu'elle ne sera jamais ce que nous nommons doctrine, ou théorie. » [22]

C'est ainsi que la fonction mystérieuse et vitale de la parole, son expression, pleine ou en trompe-l'œil, de l'être qui la prononce, devraient nous inviter à plus de compréhension, d'accueil, d'amour, de notre parole et de celle de l'autre, de son mutisme ou de son bavardage intempestif.

La problématique de la parole n'est pas le langage en soi, mais bien «*l'homme parlant*». [23]

Oser la parole, prendre la parole, être de parole, sont des situations qui peuvent se vivre avec une certaine appréhension. L'art de la parole ouvre les portes de tous les possibles pour énoncer et m'annoncer dans ce que je suis : un homme de parole, celui à qui nous pouvons faire le don de notre confiance. Cette parole donnée ne pourrait être reprise sans risquer d'abîmer le climat de confiance tissé avec l'autre. Être de parole relève de la sacralité.

«L'homme capable de parole se trouve donc revêtu d'une dignité prophétique. En face de l'avenir incertain, la parole formule une anticipation; elle trace parmi l'indécision des circonstances les premiers linéaments du futur. Dans son univers personnel, l'homme intervient avec un pouvoir d'initiative créatrice. L'homme qui donnera sa parole s'énonce lui-même et s'annonce, selon le sens qu'il a choisi, mobilisant toutes ses ressources pour susciter une réalité à la mesure de son exigence[24].»

De l'individuation selon C.G. Jung (1875-1961)

Oser prendre la parole, c'est oser donner à sa vie un sens, une destination. C'est mettre en marche le processus d'individuation qui « nous ramène — écrit Jung — naturellement à nous-mêmes comme à un quelque chose d'existant et de vivant qui se trouve inséré entre deux mondes, entre leurs images et entre leurs champs de force, forces qui, pour n'être souvent que pressenties obscurément, n'en sont perçues que plus clairement. Ce quelque chose qui est tout nous-même, nous est à la fois si étranger et si proche qu'il nous reste inconnaissable ; tel un centre virtuel d'une complexion si mystérieuse qu'il est en droit de revendiquer les exigences les plus contradictoires, la parenté avec les animaux comme avec les dieux, avec les minéraux comme avec les étoiles, sans même provoquer notre étonnement ni notre réprobation. Ce fameux quelque chose exige tout cela et nous n'avons rien en main qui nous permettrait de nous opposer légitimement à ses exigences, dont il est même salutaire d'écouter la voix. »

Et Jung de continuer : « J'ai appelé ce fameux centre de la personnalité, le soi. Intellectuellement, le soi n'est qu'un concept psychologique, une construction qui doit exprimer une entité qui nous demeure inconnaissable, une essence qu'il ne nous est pas donné de saisir parce qu'elle dépasse, comme on le pressent dans sa définition, nos possibilités de compréhension. On pourrait aussi bien dire du soi qu'il est "Dieu en nous". C'est de lui que semble jaillir depuis ses premiers débuts toute notre vie psychique, et c'est vers lui que semblent tendre tous les buts suprêmes et derniers d'une vie. Ce paradoxe est inévitable comme chaque fois que l'homme s'efforce de cerner par la pensée quelque chose qui dépasse la capacité de la raison. J'espère que le lecteur a senti clairement qu'il y a du soi au moi la même distance qu'il y a du soleil à la terre. On ne peut confondre l'un avec l'autre, pas plus qu'il ne s'agit d'une déification de l'homme ou d'un abaissement de Dieu. Ce qui est situé par-delà notre raison humaine lui demeure de toute façon inaccessible (...) Le soi pourrait être caractérisé comme une sorte de compensation du conflit qui met aux prises le monde extérieur et le monde intérieur (...) Ainsi le soi est aussi le but de la vie, car il est l'expression la plus complète de ces combinaisons que l'on appelle un individu ; et non pas seulement le but de la vie d'un être individuel, mais aussi de tout un groupe au sein duquel l'un complète l'autre en vue d'une image et d'un résultat plus complets[25]. »

La place laissée ici à Carl G. Jung témoigne de mon attachement à ce chercheur du « symbolique » et des archétypes comme forces agissantes de la vie psychique faisant « qu'une communauté indissoluble nous unit aux hommes de l'Antiquité ». Jung a élargi la réflexion de Freud par une parole respectueuse sur l'homme, sur l'homme devant la mort, sur les formes culturelles et la créativité, et sur le sens de son existence. Il a mis au jour l'immense réservoir d'un *inconscient collectif* composé d'images, d'instincts, de phantasmes qui constituent le fonds et le trésor de l'humanité. Les mythes et légendes constituent de véritables traces d'appartenance de l'imaginaire public, collectif et social tandis que le rêve est l'imaginaire de l'intime : rêve et mythes n'en sont pas moins consubstantiels ; le rêve éclaire le mythe qui, lui, dit ou interprète une part du rêve. Nous aborderons, plus loin, dans le Tarot psychologique mis en scène un chemin de traverse royal vers l'inconscient.

Freud et Jung avaient des personnalités et des origines culturelles très différentes ; le génie de Freud est d'avoir produit un savoir nouveau, celui de Jung est d'avoir été un « esprit libre ». En avance sur son temps et riche de son partage intellectuel avec Freud, Jung a témoigné d'un « plus-de-génie » de nature à le rapprocher, par une approche plus subjective qu'empirique ou mécanique, des lieux dont le Maître le détournait. On dira que, chez Freud, c'est la pensée qui a toujours le dernier mot, alors que chez Jung, c'est l'intuition qui prévaut. Freud analyse le mythe. Jung veut le laisser parler, écouter ce qu'il nous dit et nous enseigne. Jung, psychiatre, travaille en clinique psychiatrique avec des patients psychotiques, tandis que Freud, neurologue, s'occupe de patients névrosés, capables de supporter le processus analytique. Freud veut tout contrôler et maîtriser dans une pensée plus paranoïde, alors que la pensée de Jung, plus « schizophrénique », s'échappe des doctrines freudiennes, pour s'ouvrir aux manifestations inattendues de l'âme.

Jung est considéré comme un fils rebelle, un prophète, fondateur de l'un des grands schismes de la psychanalyse.

Il a considéré ses œuvres comme « autant de stations de ma vie ; elles sont l'expression de mon développement intérieur[26] ».

« La langue dit ce qu'elle peut. Le reste ? Au cœur de le comprendre ![27] » (St Augustin)

L'idée de l'individuation ainsi présentée par Jung laisse entrevoir cette part du moi indivisible et divisée qui par le théâtre rejoint l'Invisible, l'Innommable dans une rencontre possible et impossible, confondante dans sa verticalité de l'instant et son horizontalité de la permanence.

Le théâtre, par son accès au réel et hors de lui, ne tient que par les liens de solidarité des acteurs, par le passage de l'individu au collectif, du conscient à l'inconscient, de l'inconscient à l'inconscient collectif. La pièce dans laquelle nous jouons participe au grand scénario du mythe initial et fondateur de l'humanité dont les principaux héros, Prométhée, Œdipe, Agamemnon, Antigone, Médée, Macbeth ou le Docteur Faust ne sont que quelques personnages du long générique. Le temps de la cosmogonie et la formation de l'univers ou celui de la théogonie et de la naissance des dieux, achèvent d'inscrire la théâtralité par la lutte permanente — l'agone — entre l'ordre cosmique et le chaos, la perturbation de cet ordre. L'agonie de l'acteur, par le faire semblant, célèbre la genèse et la manifestation de l'homme réunifié.

Oser la parole, oser la prendre ou se laisser surprendre par elle, c'est ouvrir les portes de tous les possibles. Oser, c'est se rendre translucide. Oser, c'est créer le fourneau alchimique qui transforme la terre noire en lumière. La parole est la lumière de l'être, le symbole le plus pur de l'épiphanie de l'homme. Finalement, oser prendre la parole constitue l'acte dynamique qui pousse à retrouver le lieu, l'espace et le temps pour transgresser l'interdit qui permet que s'anime cette limite sensible sans laquelle aucun échange n'est possible. L'inter-diction n'entre-t-elle pas dans le mouvement de la coercition sanctionné par un procès-verbal ? Prendre la parole, c'est parfois ne plus être vulnérable à l'oppression exercée par la parole de l'autre, ou alors, c'est créer la médiation qui annonce l'homme dans l'universelle écoute.

« C'est en mourant à elle-même — dès qu'elle est prononcée — que toute parole signifie. Quittant les lèvres du parleur, elle meurt dans l'oreille qui l'écoute, pour y faire vivre ce qu'elle désigne. Elle est essentiellement médiatrice. Et par là-même sacrificielle ; elle s'efface au profit de sa fonction. Elle est en quelque sorte la victime par laquelle s'instaure l'échange[28]. »

La parole est avant tout un art. Un art de l'être, un art du devenir, un art de l'être en devenir. Elle est aussi un art de l'écoute : écoute de cette parole qui germe, féconde et dit une réalité de soi, dans le seul à seul, qui conduit à l'incarnation des intuitions, des sensations, des joies et des souffrances. L'écoute ouvre l'espace qui entrevoit tous les possibles de la vérité de l'interlocuteur. Écouter, c'est oser se laisser surprendre, et remplir d'une parole hors de soi, dans la clarté du jour.

La parole ne peut être gratuite dans son échange, son enjeu est forcément capital et vital, puisque «l'homme parlant parle l'écoute qu'il imagine à sa propre parole[29]. »

Etre et parole sont inexorablement liés. Ils se fécondent l'un l'autre : si la parole est de l'ordre de l'avoir, elle devient possession, séduction, conviction, discours, tandis que la parole de l'ordre de l'être est partage, liberté, création, verbe. Le choix dialectique entre l'avoir et l'être repose sur notre image du monde, et de l'orientation de cette image vers la force — *l'avoir* — ou vers la plénitude — *l'être* —. La répression, la dépression ou l'expression.

La parole de force ne risque-t-elle pas de se vider de son sens en face d'une parole non violente qui augure, peut-être, des chemins de la liberté d'expression ?

Dans les pays démocratiques, la parole et le théâtre constituent la garantie suprême de la liberté : la parole en est la gardienne et l'expression. Si la parole privée de sa liberté, est concentrationnaire, la relation démocratique est étouffée et anéantie par le discours totalitaire qui amplifie alors une parole subversive. Les mots, eux-mêmes, dans leur signifiant, sont porteurs d'un signifié qui dévoile le processus de trahison : des-*mots*-cratique et totali-*taire*. Où réside l'esprit pervers ? Dans mon jeu de mots ou dans la banalisation d'une puissance magique de notre langage ?

De la parole subversive
Vaclav Havel

> *Vaclav Havel est un écrivain et un homme d'état. Il a vu le jour à Prague en 1936. Il entame ses études universitaires dans le domaine de l'économie à l'Université de Prague à l'âge de 20 ans. Trois ans plus tard, il fait son entrée dans les forces armées tchécoslovaques. Ce fut également l'année où il publia son premier ouvrage littéraire. L'année suivante, il commença à travailler dans ce qui fera dorénavant partie de ses multiples passions : le théâtre. Il entreprendra donc ses études en art dramatique au Academy of Performing Arts à Prague où il produira ses premières pièces.*
>
> *Havel a joué un rôle très important dans la démocratisation de la Tchécoslovaquie ainsi que dans la période de renouveau culturel que vivait son pays durant l'ère des réformes. Cette période est aussi appelée « Le Printemps de Prague », qui prit fin avec l'invasion du Pacte de Varsovie, en 1968. Il s'opposa activement à l'invasion et aux politiques communistes qui en découlaient.*

« La parole humaine est-elle vraiment si puissante qu'elle transforme le monde et influence l'histoire ? Et si elle l'a été un jour, le reste-t-elle aujourd'hui ? Dans votre pays, — *disait Vaclav HAVEL*, en juin 1989 —, vous jouissez d'une grande liberté de parole. N'importe qui peut dire n'importe quoi sans que nécessairement ses concitoyens s'en aperçoivent, voire s'en préoccupent. Il peut donc vous sembler que je surestime l'importance de la parole parce que je vis dans un pays où des paroles peuvent encore envoyer en prison. Oui, je vis dans un pays où les sanctions quotidiennes confirment sans cesse le poids et la force de rayonnement de toute parole libre.

Tout récemment, le monde entier commémorait le bicentenaire de la grande Révolution française et nous rappelait la grande Déclaration des droits de l'homme et du citoyen, un discours qui attribue à tout citoyen le droit de posséder une imprimerie. Au même moment, juste deux cents ans après cette déclaration, mon ami Frantisek Starek se voyait condamné à deux ans et demi de prison pour la production d'un magazine culturel indépendant, Vokno, fabriqué, mais sur une antique polycopieuse toute grinçante ! Peu de temps auparavant, c'était au tour de mon ami Ivan Jirous, d'être condamné à dix-huit mois de prison pour avoir, sur une machine à écrire, crié ce qui est de notoriété publique : que de nombreux assassinats légaux ont été perpétrés dans notre pays et qu'encore aujourd'hui (ndlr : en 1989) une personne injustement emprisonnée peut se voir torturée à mort (...)

Oui, je vis dans un pays qui fut, il y a vingt et un ans, ébranlé par le texte de mon ami Ludvik Vaculik, texte intitulé Deux mille mots, comme pour venir étayer mon discours sur la puissance de la parole. Ce texte fut l'une des raisons pour lesquelles cinq armées étrangères vinrent envahir notre pays une certaine nuit (...).

Oui, dans le système sous lequel je vis la parole peut faire trembler tous les appareils du pouvoir ; un mot peut y avoir plus de force que dix divisions armées ; le discours de Soljenitsyne y fut ressenti comme si dangereux que son auteur se vit embarqué de force dans un avion et déporté.

Oui, là où je vis le mot de Solidarité a suffi pour faire trembler tout un bloc politique. (...) Le pouvoir des mots n'a en effet rien d'univoque ni de transparent. Il peut être libérateur comme le discours de Walesa, il peut crier gare, comme celui de Sakharov, il peut avoir la force du livre de Rushdie, de toute évidence interprété en dépit du bon sens. (...) Bref, la parole est un phénomène mystérieux, polysémique, ambivalent, traître. (...) Interrogeons-nous sur la parole de Lénine. Fut-elle libératrice ou au contraire trompeuse, dangereuse et finalement aliénante ? (...) Et le discours de Marx ? A-t-il mis en lumière tout un pan caché des mécanismes sociaux ou ne fut-il que le germe discret de tous les terribles goulags à venir ? (...) Et que penser de Freud ? Son discours a-t-il révélé l'univers mystérieux de l'âme humaine ou n'a-t-il été que le départ d'une illusion dont se drogue aujourd'hui la moitié des Etats-Unis, à savoir que pour se décharger de son malheur et de ses fautes, il suffit d'en abandonner le fardeau à l'interprétation d'un spécialiste grassement payé ? (...)

Chaque parole enferme en elle la personne qui la prononce, la situation dans laquelle elle est prononcée et la raison qui veut qu'on la prononce. Le même mot brille un jour d'un immense espoir et n'émet un autre jour que des rayons de mort. Le même mot peut être vrai un jour et mensonger un autre, un jour lumineux, un autre néfaste ; il peut ouvrir de magnifiques perspectives ou servir seulement à poser les rails qui mènent à de véritables archipels concentrationnaires. Le même mot peut servir à bâtir la paix, alors qu'un autre jour l'écho des mitraillettes résonne dans chacune de ses lettres[30]. »

Du langage

Bien des paroles ont été avortées, assassinées, suicidées, aliénées, éteintes dans le réceptacle de la « *mors janua vitae* » — la mort porte de la vie — alors que cette parole putréfiée peut, à tout moment, renaître de ses cendres comme Phœnix, oiseau sacré symbole d'une irréfragable volonté de survie. Il s'agit d'oser.

Les premières fondations du langage s'établissent par le lien fusionnel que l'enfant noue avec sa mère. Cette fusion est primordiale pour que le langage puisse se construire à travers elle. La voix évocatoire de la mère nomme l'enfant qui se reconnaît et se voit attribuer les premiers signes de reconnaissance auxquels il va s'identifier par l'imago spéculaire. L'enfant peut se reconnaître dans ce miroir amplifié par l'écho de la voix de sa mère. Le rapport fusionnel de la bouche de l'enfant avec le sein de la mère donne naissance à la puissance narcissique de l'enfant par « l'offrande d'une bouche parlante et d'une bouche avalante », comme le précise Anzieu.

Ce temps de l'expression du bien-être (naître) de l'enfant ouvre conséquemment à un temps d'angoisse profonde de la séparation dont les cris, les pleurs sont les manifestations les plus évidentes. La langue se transforme dans son mouvement ; alors qu'elle passait obligatoirement par les lèvres pour la succion, elle peut maintenant s'exercer de bas en haut, sans plus franchir les lèvres. Cette transformation du mouvement de la langue est sans doute la première conquête de la parole par le passage du plaisir de la succion à la maîtrise de l'émission, et de l'articulation des sons, tandis que l'acquisition de la compréhension du sens des mots s'élabore vers deux ans et ouvre le champ du rapport au corps comme source signifiée du plaisir, et aux mots comme expression signifiante du plaisir.

« Le premier concept abstrait est l'identification au message du non de la mère, lorsque l'enfant ayant acquis la locomotion lutte pour gagner son autonomie et prendre ainsi distance avec elle[31]. » La succession d'ordres, d'interdits, d'invectives de la mère pour contrer l'activisme de l'enfant, enfin séparé de la relation fusionnelle au moi de sa mère, se caractérise par l'émission de la négation. L'enfant adopte à son tour, en signe d'autonomie, ce *non* en le choisissant dans des moments opportuns. Cette nouvelle conquête constitue l'amorce d'une communication puissante de messages à prendre au sérieux qui marque le passage «d'une bouche pleine de sein à une bouche pleine de mots au travers d'expériences de bouche vide[32].»

L'enjeu relationnel, s'il est obscur, peut perturber, désavouer le message communiqué. A l'extrême, la finalité de l'objet relationnel peut nier la communication proprement dite, «cette dissociation entre le contenu et la relation crée une double-entrave par laquelle la communication véhicule deux énoncés antagonistes qui ne se situent pas au même niveau d'abstraction[33].»

Voilà bien le paradoxe de la communication qui se joue du vrai et du faux à l'encontre de la vérité communicante. Par exemple, la mère et l'enfant suivent des yeux le déplacement d'une mouche sur la vitre. La maman écrase l'insecte en disant : «*Oh! La vilaine mouche, elle est morte.*»

Plus tard, bébé éternue et sa maman se précipite vers lui, disant : «*Viens, mon Bébé, que je te mouche!*».

Qui peut dès lors s'étonner de la panique de l'enfant vis-à-vis de ce mouvement délicieusement maternel, mais paradoxal? On est ici, en présence de deux énoncés antagonistes conduisant à une impasse dans la relation et transformant le langage en un instrument du caché et de l'équivoque.

L'expérience des mots passe par l'expérience aux mots, par la mémoire des événements, par le souvenir des mères porteuses de mots. Les mots et les choses s'enchevêtrent, et s'ils se désignent, ils conduisent aussi à une fixité du langage, hors des chemins de la créativité. L'innovation créatrice du langage et l'expérience individuelle donnent corps aux mots, et les libèrent du poids de leurs signifiances, par la formation symbolique qui transcende la capacité de communiquer : l'art, le théâtre en sont les outils : «Le moment historique de la philosophie du symbole, c'est celui de l'oubli et aussi de la restauration[34].»

S'inventer un langage parlant, c'est retrouver le «moi» parlant — l'émoi parlant —, c'est rejoindre le mot dans son creuset et en goûter le fruit. L'accès au monde symbolique entrouvre l'accès à la fonction primordiale du langage dans son mouvement pulsionnel et dévoile une part de la folie, malgré les vertus et les entendus de la raison.

«Si tu veux que vive un arbre, projette autour de lui cet espace intérieur qui réside en toi...

Ce n'est qu'en prenant forme dans ton renoncement qu'il devient réellement arbre». (Rainer Maria Rilke)

Au commencement était le Verbe ? « Non ! Au commencement était l'émotion. Le verbe est venu ensuite pour remplacer l'émotion. Comme le trot remplace le galop, alors que la loi naturelle du cheval est le galop ; on lui fait avoir le trot. On a sorti l'homme de la poésie émotive pour le faire entrer dans la dialectique [35]. »

« Enlève la parole, qu'est-ce que la voix ? Là où il n'y a rien à comprendre, c'est une sonorité vide.

La voix sans parole frappe l'oreille, elle n'édifie pas le cœur (…)

Si je pense à ce que je dis, la parole est déjà dans mon cœur ; mais lorsque je veux te parler, je cherche comment faire passer dans ton cœur ce qui est déjà dans le mien. Si je cherche donc comment la parole qui est déjà dans mon cœur pourra te rejoindre et s'établir dans ton cœur, je me sers de la voix, et c'est avec cette voix que je te parle : le son de la voix conduit jusqu'à toi l'idée contenue de la parole ; alors, il est vrai que le son s'évanouit ; mais la parole que le son a conduite jusqu'à toi est désormais dans ton cœur sans avoir quitté le mien[36]. »

St Augustin

Une parole incorporée

> « Les pieds dessinent les traces de mon passage sur le chemin de la nuit. A l'aube, mes pas pénètrent les premières lueurs de l'espérance. Pas à pas, mon corps pousse, au loin dans une voie sans issue, mon âme. Si je me perds, laisse-moi revenir sur mes pas avant que la poussière ne les enfouisse et ne taise à jamais leur provenance ».[37]

Entre corps et parole surgit un processus hiérarchique soucieux d'établir lequel d'entre eux occupe une place prépondérante par rapport à l'autre : ainsi s'opposent le somatique et le psychologique, le corporel et le mental, le matériel et le spirituel. La conjonction de la parole et du corps suppose une désaliénation du discours et une libération du corps qui réconcilient avec l'état originaire, où corps et parole étaient confondus ; la césure et le décollement imposés par l'expérience aux mots de même que les blessures incorporées par la puissance du verbe, ont clivé la parole du corps et nié l'expression symbolique où pourraient être engagées la réconciliation expérientielle et la création en devenir. Le vécu des expériences corporelles de la scène primitive conduit, par sa décharge, à une intériorisation et une réorganisation fantasmatiques et pulsionnelles dans une dialectique incessante, de la parole incorporée d'une part, et de l'en-corps inassouvi de la parole, d'autre part.

« Par le relais qu'elle assure, la parole libère pour un temps les énergies du corps, désoccupé qu'il est d'avoir à se situer dans le monde des représentations. Après avoir parlé, il agit pour ajuster le monde à la parole qu'il a proférée, représentante de son corps. La possibilité de son action, établissant un nouveau rapport entre le monde tel qu'il l'imagine et son corps tel qu'il est, provoque un effet de feed-back vis-à-vis de sa parole : elle confirme la force de sa parole si elle est fidèle aux limites de son corps, elle dénonce sa vanité quand il a trop parlé…[38] »

La parole incorporée est tout d'abord portée et conduite par le corps médiateur, dont les pieds, enracinés au sol, à la Terre-Mère, puisent l'énergie de vie, avant de conduire le mouvement. Ils nous maintiennent en équilibre ou en déséquilibre et assurent le relais entre l'énergie cosmique, réelle et symbolique, et notre corps ; ils potentialisent le corps de l'homme dans sa totalité, tandis qu'ils ont parfois été relégués au rang de la plèbe.

Donc ils supportent notre parole. L'histoire d'Œdipe (pied gonflé), d'Achille (pied vulnérable), Jacob (le talon divin), le lavement des pieds des disciples du Christ — « Il se mit à laver les pieds de ses disciples et à les essuyer avec le linge qu'il avait à la ceinture (...) Toi, Seigneur, tu veux me laver les pieds ! » — ou encore d'autres rites de purification, comme ceux des Derviches Bektachi, illustrent, à propos, les représentations nobles de ces organes, dont la mythologie a saisi immédiatement toute la force symbolique qui enracine la réalité de l'être dans l'Histoire. Ne sommes-nous pas déracinés lorsque nous avons perdu notre passé, notre culture, notre pays ? L'énergie de vie s'en trouve coupée de sa source.

Le corps porteur de tout un discours peut en dire long sur notre histoire : il est parole. Il dit une partie de la vérité tue ou cachée. Le corps dépasse la parole ; la parole est dépossédée du corps, quand elle se murmure dans les secrètes turpitudes du choc des inter-dits.

La rencontre première de l'orateur avec le public se situe, à priori, dans la perception que l'auditeur (alors spectateur) va se faire de l'attitude corporelle de l'homme en parole, de son mouvement, de son apparence, qui éveillent très rapidement des sentiments emplis par son imaginaire, ou ses fantasmes, par ses projections, ou ses identifications. Point d'indifférence. Sentiments de sympathie ou de répulsion, agressivité ou séduction, suscités par une lecture rapide, et engloutie dans le corps de l'autre. Déjà l'absence de mots, les traits du visage, la force du regard, le corps donné ou retenu, édifient ou détournent, par avance, l'intention et le message du locuteur.

Du souffle

> « Tu caches ta face, ils sont tremblants
> Tu leur retires le souffle, ils expirent
> Et retournent à la poussière.
> Tu envoies ton souffle, ils sont créés
> Et tu renouvelles la face de la terre ».[39]
>
> Psaume 103

Dire une parole, c'est dire la vie, donner la vie, l'insuffler. Souffle et parole sont solidaires, l'un soutenant l'émission de l'autre. Une parole, un discours sans souffle, se meurent par asphyxie : la parole ne peut atteindre l'auditeur que si elle est portée par le souffle dynamique de la respiration. Être inspiré, n'est ce pas être rempli du souffle de la vie qui édifie l'écoute de l'autre, et le nourrir d'une parole de vie ? Respirer, c'est assimiler le pouvoir de l'air, du souffle, du pouvoir spirituel. La respiration, conduisant au recentrement de l'être, libère l'esprit des pensées confuses et diffuses ; la respiration vient unifier le corps et la parole, elle est énergie de l'unité. Être expiré procède de l'absence, du vide, c'est l'absence de vie : la mort.

Le rythme incessant d'expiration et d'inspiration symbolise la production et la résorption de l'univers. Le rythme du monde est celui de l'alternance : l'ouverture et la fermeture, le yang et le yin, l'obscur et le lumineux, le terrestre et le céleste, le féminin et le masculin. Harmonie des contraires inséparables : « Peux-tu ouvrir et clore les Célestes Battants ? » nous interroge Lao Tse.

La contraction de la respiration immobilise dans le mouvement, retient le corps, et elle bloque la dynamique de la parole, comme pour empêcher d'émettre un son, de répondre à une question, de donner notre avis. L'état qui provoque l'émergence de la parole par l'acte de respiration, s'ouvre sur une disponibilité musculaire, une relaxation et une disponibilité mentale (concentration sans effort, volonté silencieuse) par la présence de l'interlocuteur. Cette décontraction dynamique ne nous pousse par hors de nous et des autres ; elle nous place dans la zone de silence et d'ouverture au souffle qui nous rend à l'écoute de celui à qui nous nous adressons. L'état de conscience, autre axe de la décontraction, éclaire les ombres de notre inconscient : il est le regard sur le trouble et l'équivoque, il évalue l'écoute de notre intériorité. Il nous y conduit.

La parole est un long chant d'harmoniques, une constellation de sons et de mots, alternance de silences et de murmures, mémoire d'ombre et de lumière. Portée par le souffle de la vie, elle se perd à presque jamais dans la solitude de la nuit. Puis, elle s'incarne par le songe du souvenir. Éteinte par le souffle de la mort, la parole se tait, à jamais, dans la nuit du passage à l'autre rive.

« *Je veux être entendu!* [40] » L'effort doit-il s'appliquer à l'auditeur supplié de bien vouloir prêter l'oreille, ou doit-il être infligé au principal évocateur de la parole, le « parleur », l'orateur ?

« Il paraît que quand on prête l'oreille, on entend mieux, s'exclame Raymond Devos. C'est faux ! Il m'est arrivé de prêter l'oreille à un sourd, il n'entendait pas mieux ! Il y a des phrases comme ça... Par exemple : "j'ai ouï dire !" (...) Le verbe ouïr, au présent, ça fait : j'ois... j'ois... Si au lieu de dire "j'entends", je dis "j'ois", les gens vont penser que ce que j'entends est joyeux alors que ce que j'entends peut être particulièrement triste. Il faudrait préciser : "Dieu, ce que j'ois est triste !" [41] »

Il nous arrive de ne pas toujours être en harmonie avec la puissance de la parole. Celui qui hurle, nous ne pouvons pas le comprendre, ni l'entendre. D'ailleurs, lorsque deux êtres se disputent, n'est-il pas dit, qu'ils ne s'entendent plus, comme si le bruit de la parole couvrait les mots par des propos tonitruants. Les paroles, alors, se superposent, se combattent privilégiant la force à la supplique, à l'incantation ou à l'échange, voire à la négociation qui ne laisse ni vainqueurs ni vaincus.

Par contre, une parole murmurée, avec souffle et vérité, peut avoir une puissance résonante.

Si on observe le fonctionnement physiologique de la parole, l'on peut distinguer des lieux différents qui intensifient le volume sonore, porté par le souffle, propice à un événement déclencheur de son action ; la tête et le front donnent une voix claire (plutôt dans l'aigu) : le propos est de l'ordre rationnel, de la raison, de l'intellectuel. Au centre de la poitrine, entre l'aigu et le grave, la voix s'équilibre : le propos est de l'ordre de l'affectif, du cœur. Une voix du ventre s'émet dans le grave. Les émotions violentes, l'angoisse s'expriment par la voix de gorge : la voix est alors nouée. Jean Louis Barrault disait que « l'intellectuel parle du palais, l'amoureux parle du fond de la gorge, le sensuel parle au bord de la bouche[42]. »

Dire «*je t'aime*» avec une voix de tête ou exposer un bilan commercial avec une voix de ventre transforme l'intention de la parole, et risque de perturber dramatiquement la communication du message.

« La voix se charge de signifiants en ceci qu'elle les fait jouer là où ils sont captés, déchiffrés, lus, écrits : dans le corps. Le corps, pour un analyste, est un texte qui lui parle. Non pas un texte qu'il devine et interprète à tort et à travers selon les normes d'un savoir a priori, mais un texte qui a une voix, qui se lit et qui trouve son fondement dans les effets de son déchiffrement. L'humanité est ainsi faite : un texte unique, le corps, avec autant de manières de le lire que de corps. Paradoxe : le corps est tout à la fois le lieu du texte et le lieu du sujet. Entre les deux, la voix[43]. » : sur le divan.

Quelle que soit la raison d'être du propos, la voix, pour être entendue, doit s'adapter, et l'effort vocal comme la respiration abdominale doit se placer au niveau de la ceinture pelvienne par un acte de dynamisation du centre du corps : un mouvement d'air transmet au diaphragme l'énergie nécessaire, évitant la contraction de la gorge qui peut provoquer une congestion des cordes vocales, la fatigue, l'enrouement et parfois l'aphonie. Le diaphragme transmet, à son tour, l'énergie à l'air contenu dans les poumons. Cet air, colonne de son, est comparable à la colonne vertébrale. Finalement, la colonne du son va percuter le masque, composé entre autres des sinus (caisse de résonance). La voix est le médium, fragile et invisible qui porte l'histoire relationnelle, psychique et identitaire ; elle est cette part de l'intime qui se donne à entendre.

La respiration de celui qui parle entraîne la respiration de celui qui écoute, et si nous ne prenons pas le temps de la respiration, nous risquons de conduire notre auditoire à l'asphyxie. Dynamiser la parole, c'est ressentir avant de chercher l'expression, regarder avant de décrire et écouter avant de répondre. L'énergie, conduite aux contractions anarchiques, maintient le corps dans son harmonie. Accueillir son corps, le supporter, c'est aussi être supporté par lui. Le point d'appui de notre corps est... le corps.

« De même que la pluie et la neige descendent des cieux et n'y retournent pas sans avoir arrosé la terre, sans l'avoir fécondée et l'avoir fait germer pour fournir la semence et le pain à manger, aussi en est-il de la parole qui sort de ma bouche, elle ne revient pas vers moi sans effet, sans avoir accompli ce que j'ai voulu et réalise l'objet de sa mission[44]. »

Du regard

> « Si la face divine devient l'épiphanie de ton regard, dit le poète, il n'y a pas de doute : tu es à présent le possesseur de ton regard ».

Le désir de créer le contact avec l'autre passe par le regard, par la rencontre des regards. L'autre attend d'être vu, reconnu. Il veut ressentir, un instant seulement, combien il est unique au cœur du regard de celui qui parle. La parole est alors reçue par l'auditeur dans la mesure où le regard lui est offert. L'offrande du regard place l'orateur en relation directe avec l'auditeur, le groupe, dans l'authentique de la parole.

Le regard, chargé de toutes les passions de l'âme, est doué d'un pouvoir d'une terrible et surprenante efficacité : instrument des ordres intérieurs, il tue, fascine, foudroie, séduit autant qu'il exprime.

« Le regard silencieux n'est pas curieux de voir. Il ne juge pas. Il ne coupe ni ne pénètre (...). Le regard silencieux est le signe visible d'une oreille qui écoute[45]. » Alors qu'il transfigure la parole dans son énoncé, le regard conduit le mot et dépose la parole au cœur de l'intime de la vérité de l'autre, dans l'espace de son écoute.

Parler à l'autre expose au risque d'être écouté dans un ailleurs éloigné du point où notre imaginaire avait placé notre discours, et d'avoir à rejoindre l'autre en un lieu que son imaginaire ne peut encore soupçonner. Le risque de la parole dite et entendue peut terrasser l'orateur qui, par la portée assaillante de son discours, s'expose à l'émergence d'une parole-réponse, ressentie anticipativement comme une critique, un rejet, une fermeture, un accusé de déception. Surgit alors le trac qui dénoue le conflit pour le moins narcissique entre le désir d'exister dans les yeux de l'autre et la peur d'être incorporé, mangé par le regard scrutateur de l'auditoire, témoin de la célébration de ce sacrifice expiatoire.

Quitter le divan pour rejoindre la scène c'est, on l'a dit, s'exposer (*sexe posé*) et prendre le risque de se laisser voir et dévorer, littéralement et symboliquement, par le public avide (*à vide*) d'une nourriture existentielle. La complaisance de l'acteur, son auto-érotisme, sa jouissance du verbe, sans plus d'autre échange que celui de goûter, lui-même, les délices de son offrande, peuvent l'entraîner dans une consécration obscène d'un corps invisagé, où il n'y a plus rien à voir, dans ce qui est dévoilé. «Il y a dans le mot, dans le verbe, écrit Baudelaire dans le Fleurs du Mal, quelque chose qui nous défend d'en faire un jeu de hasard. Manier savamment une langue, c'est pratiquer une espèce de sorcellerie évocatoire.»

De la scène à l'obscène, le chemin n'est peut-être pas indifférent, à celui aussi qui, dans sa terreur de ne rien voir et le désir de tout voir, n'ose imaginer le théâtre autrement que comme le lieu d'exposition et de complaisance des histrions, des hystériques ou des impudiques.

Scène et *ob-scène* se croisent dans l'artifice d'une liaison phonétique et nous entraînent dans les méandres de l'ambigu, ne sachant plus très bien ce qui peut être montré, dévoilé ou caché au théâtre.

L'obscène vient balayer la souffrance indicible. L'obscène permet l'accès au vide, sans mémoire, sans pensée; loin du refoulé, tout dans le défoulé de l'instant, du vide et du silence.

L'obscène, cette offrande vulgaire, naïve et sentimentale est une effusion, mais aussi une provocation, car elle dit la séduction. Notre fascination de l'obscène n'est peut-être que cette passion désincarnée d'un regard sans image, d'une scène vide où plus rien n'a lieu.

Ce qui peut rendre le spectacle insupportable, c'est le corps de l'acteur qui dans sa monstration, tient en respect le regard et le désir de l'autre non par une dissimulation honteuse, mais par son exhibition même et l'excès de l'impudeur. C'est le possible du corps d'exister comme objet que le regardeur vient chercher dans la délivrance de l'altérité. C'est lui, l'obscène de ce spectacle.

L'obscénité n'est pas nécessairement là où on pense, elle est toujours là où sont ceux qui y pensent.

NOTES

[1] Herbert Le Porrier, «*Le médecin de Cordoue*».
[2] Pytagore (v. 560 avant J.-C.) mathématicien, cosmologue, astronome est à l'origine des fondateurs de religion, sa philosophie elle-même propose un idéal religieux en association avec la connaissance.

[3] Dictionnaire de la Franc-Maçonnerie, sous la direction de Daniel Ligou, PUF, 1987.
[4] Denis Vasse; «*Le poids du réel, la souffrance*», p. 66, Paris, Seuil, 1983.
[5] J.Y. Leloup «*Désert, déserts*», p. 12, Albin Michel, Paris 1996.
[6] Guillevic; «*Possibles futurs*», Gallimard, 1996.
[7] Osée, 2,16.
[8] J.Y. Leloup, *op. cit.*, p. 16.
[9] J.Y. Leloup, *op. cit.*
[10] Isaïe *Cantique;* Is. 41,14.
[11] St Jean de la Croix «*Cantique de l'âme*», strophe III.
[12] J.Y. Leloup, *op. cit.*
[13] S. Beckett, «*En attendant Godot*».
[14] Phatique : la fonction phatique dans la théorie de la communication de Roman Jacobson (linguiste et théoricien de la communication, «*Essais de linguistique générale*»; Editions de Minuit, 1973, Paris) s'attache à tout ce qui peut s'entreprendre pour s'assurer du maintien du contact entre l'émetteur et le récepteur pour «établir, prolonger, ou interrompre la communication, à vérifier que le circuit fonctionne («Allô, vous m'entendez?»), à attirer l'attention de l'interlocuteur ou à s'assurer qu'elle ne se relâche pas.»
[15] Ruth Menahem, «*Langage et folie*», Confluents Psychanalytiques, Les Belles Lettres, p. 16, Paris, 1986.
[16] J.P. Sartre, «*Les mots*».
[17] George Gusdorf, «*La parole*», p. 8, Paris, 1986, PUF.
[18] Denis Vasse, «*Le temps du désir*», Paris, Seuil, 1969.
[19] George Gusdorf, *op. cit.*, p. 11.
[20] Michel Fain, notes personnelles.
[21] Jacques Lacan «*Écrits I*», p. 181, Paris, Seuil, 1966.
[22] Maurice Bellet, *op. cit.*, p. 153.
[23] George Gusdord, *op. cit.*
[24] George Gusdorf, *op. cit.*, p. 119.
[25] C.G. Jung, «*Dialectique du moi et de l'inconscient*» Traduit de l'allemand et annoté par le Dr Roland Cahen. N.R.F. Gallimard. «Les Essais» CXIII. Paris. 1964. N.R.F «Idées». Paris.
[26] C.G. Jung, «*Ma vie*», p. 233, Gallimard, 1966.
[27] St Augustin, la Joa IV, 6.
[28] George Haldas «*L'Etat de poésie*».
[29] Roland Barthes, préface de F. Flahault, «*La parole intermédiaire*», Paris, Ed. du Seuil, 1978.
[30] Vaclav Havel, «*Quelques mots sur la parole*», Hradecek, juin 1989.
[31] Spits : «*Le non et le oui*», Paris, PUF, 1973.
[32] Abraham : «*Introjecter-incorporer*», Nouvelle revue de psychanalyse, p. 111-121, 1972.
[33] P. Watzawick, J. Helmick-Beavin, D. Jackson, «*Une logique de la communication*», Paris, Le Seuil, 1972.
[34] Paul Ricœur «*Le symbole donne à penser*», notes personnelles.
[35] L.F. Céline; «*L.F. Céline vous parle*», Paris, La Pléiade t. 2.
[36] St Augustin, Sermon.
[37] S. Minet, notes non publiées.
[38] Denis Vasse, *op. cit.*
[39] Psaume 103, 29-30.
[40] Un anonyme du XXIe siècle.
[41] Raymond Devos «*Matière à rire*», p. 79-81, Plon, 1993.

[42] Cité par Maddy Jourdain ; « *La danse une parole* », p. 18, Paris, Le Centurion, 1982.
[43] Denis Vasse, *op. cit.*, p. 167.
[44] Isaïe, 55, 10-11.
[45] Denis Vasse, « *Le poids réel, la souffrance* », Paris, Seuil, 1983.

Chapitre II
... À L'ACTE THÉÂTRAL

> Le théâtre « n'est pas un jeu mais la révélation à l'homme de son propre mystère, de l'envers dérangeant du décor, plein de ténèbres et de fulgurances, de l'envers terrible de l'évidence. Et le comédien, en recréant l'homme, devient Dieu le temps de cet acte de récréation. »[1]
>
> Jean Fanchette

Le théâtre initiatique

L'exercice du comédien est de consacrer l'homme dans sa recherche de l'indicible, d'incorporer la parole, d'incarner les arcanes de l'imaginaire et ainsi lui restituer sa part de liberté et de création.

« Il s'agit, proclame Louis Jouvet, de considérer l'exercice du comédien comme une réforme de soi, une quête vers l'Amour et la Liberté, par une conquête du rôle ou du personnage pour une possession de soi[2]. »

L'acteur, grand prêtre sacrificateur et sacrifié, donc homme ô combien sacré, officie le sacrifice sur l'autel du spectacle, à l'image des antiques sacrifices qui réparaient le désordre cosmique conséquent de la maladie : l'individu souffrant était tenu d'implorer la guérison, d'offrir des sacrifices pour réparer l'erreur du chaos et exorciser la souffrance. La maladie n'est jamais naturelle. Les prêtres, par ailleurs guérisseurs, l'ont toujours considérée comme porteuse d'un message surnaturel, qu'ils avaient pour mission d'interpréter, à partir des signes dont les dieux ont accompagné son émission. La remise en ordre des choses réparait le chaos généré par d'âpres négligences dans le culte rendu aux esprits. Le spectacle a trouvé ses origines dans le rite dont les rites totémiques seraient les traces les plus anciennes, bien qu'il s'agisse d'une hypothèse sans fondement.

Dans les civilisations antiques égyptienne et assyro-babylonienne, on a retrouvé des poèmes épiques de la Création, des formules magiques relatant des cérémonies, soit chantées, soit parlées ou mimées. On a aussi retrouvé le témoignage incontestable d'un théâtre distinct « du rite et du sacerdoce, même s'il traitait des sujets sacrés et bien qu'il se déroulât dans la cour intérieure d'un temple ».

« Une stèle érigée en l'honneur du dieu Horus porte l'inscription suivante » : « Je fus celui qui accompagna son maître dans les déplacements et qui ne se fatiguait pas de la déclamation qu'il récitait... Je fus le partenaire de mon maître dans toutes ses déclamations.

Lorsqu'il était un dieu, j'étais un prince ; lorsqu'il tuait, je revivifiais[3] ».

Théâtre cultuel ou culturel, ce qui le soutient est de l'ordre du phénomène collectif qui se joue dans un espace déterminé (autour de l'autel du dieu), et dont le langage verbal ou gestuel était fonction du langage et de la représentation symbolique. Le développement de cet usage, qui allie le lieu et la symbolique, a favorisé le déploiement d'une cérémonie transmutant la célébration du divin à la célébration de l'humain : il ne s'agit plus alors de jouer la vie des dieux ou de les invoquer à des fins diverses.

La place de l'humain et de ses héros a renforcé la dimension magique qui fortifie l'homme dans son combat extérieur ou intérieur par le jeu de l'imitation et de l'absorption des forces des héros de la vie, de l'amour, de la guerre.

« Dans le rite agraire et propiatoire de Dionysos, on célébrait et augurait la mort-résurrection, en la suivant selon le rythme saisonnier qui mène à l'hiver et au printemps, de la mort de la végétation à sa renaissance, à la fécondité par la vertu du soleil. (...) Les cérémonies qui avaient lieu dans les centres principaux étaient constituées par des cortèges sacrificatoires (...). Le cortège une fois arrivé à l'autel du sacrifice, le taureau était immolé et les satyres entonnaient le dithyrambe, c'est-à-dire le chant en l'honneur de dieu. Les premiers temps, ce chant n'avait rien d'établi, il était improvisé. Ce n'est que par la suite qu'on lui donna une structure déterminée, et qu'au lieu de l'improvisation habituelle, on imposa aux satyres un texte en vers (...) Au stade ultérieur de l'évolution de cette forme dramatique rudimentaire, on note la présence, près du chœur, d'un personnage : Dionysos, l'hupokritês, c'est-à-dire celui qui donne la réplique[4]. » Dionysos, n'est-il pas devenu le dieu de l'affranchissement, de la suppression des interdits et des tabous, le dieu des défoulements et de l'exubérance ?

Devenu symbole de l'enthousiasme et des désirs amoureux, Dionysos représente la rupture des inhibitions, des répressions, des refoulements. Appolon se révèle quant à lui sous le signe de la violence et du fol orgueil mais aussi de la victoire sur la violence. Il incarne par la maîtrise de soi, l'alliance de la passion et de la raison, l'harmonie des désirs, la réorientation, sans les supprimer, des pulsions humaines vers une spiritualisation progressive.

Le propre de la purification dionysiaque, dit P. Boyancé, « est de porter à son comble ce dont il faut délivrer l'âme. (...) Au sens le plus profondément religieux, le culte dionysiaque, en dépit de ses perversions, et même à travers elles, témoigne du violent effort de l'humanité pour rompre la barrière qui la sépare du divin, et pour affranchir son âme de ses limites terrestres. Les débordements sensuels et la libération de l'irrationnel ne sont que de très maladroites recherches de quelque chose de surhumain. Pour paradoxal que cela paraisse, Dionysos, à considérer l'ensemble de son mythe, symbolise l'effort de la spiritualisation de la créature vivante à partir de la plante jusqu'à l'extase. (...) Avant lui, on l'a dit, il y avait deux mondes, le divin et l'humain, deux races, celle des dieux et celle des hommes. Dionysos tend à introduire les hommes dans le monde des dieux et à les transformer en race divine. L'homme acceptait de s'aliéner dans l'espoir d'être transfiguré[5]. »

L'homme de la préhistoire a mimé les événements de sa vie, et les a reproduits dans des danses. Il a, de ce fait, transformé l'état de conscience normale en un autre état hors de la conscience, révélateur de mystérieux mécanismes issus des profondeurs du corps, des profondeurs de la mémoire, et de la cité, opéré une rupture avec le quotidien dans la relation à l'autre, en un lieu de non espace-temps où s'origine l'être. Qu'il s'agisse de défoulements, de détentes, de chants, d'envoûtements, de transes, de possessions, la vie est rejouée, désincarnée ou réincarnée. Les paroles oubliées d'hier, les murmures d'aujourd'hui, sont portés par la danse qui emblématise à la fois la difficulté à vivre d'un peuple et organise, déchiffre, initie à la voie pour se désaliéner de cet état. On peut penser que cela représente une partie du destin que l'individu se refuse d'intégrer, et que ce refus se donne à danser, à paraître ou à être dépassé, dépossédé par la danse ou le mime.

Les possessions relient l'homme à quelque chose qui le transcende, qui est « au-delà de lui », dans ce lieu du surnaturel indicible et intangible où la pensée de l'homme se distrait dans un nouveau rapport à l'autre, le Tout-Autre.

« Comme au théâtre, la notion du temps s'abolit. L'état où l'aliénation éphémère du possédé est un état que l'on peut comparer en partie à l'aliénation du comédien[6]. » « Le primitif qui voit son champ dévoré par la sécheresse, son bétail décimé par la maladie, son enfant souffrant, lui-même pris de fièvre ou chasseur trop souvent malchanceux, sait que toutes ses injonctions n'incombent pas au hasard mais à certaines influences magiques ou démoniaques contre lesquelles le sorcier ou le prêtre dispose d'armes.[7] »

Le théâtre est le temps, l'espace et le lieu où tout peut exister, où les phénomènes les plus extraordinaires peuvent se produire. L'éphémère est dans sa nature : c'est sa force et sa faiblesse, car la mémoire du théâtre reste totalement intime.

Il est parfaitement humain, dans la beauté et dans l'absurde, la grandeur et le dérisoire. Il est l'art par excellence.

Platon, dit la légende, aurait brûlé ses poèmes tragiques et renoncé à l'art pour suivre l'enseignement de Socrate car l'effet de sympathie et d'identification entre l'auteur, l'acteur et le spectateur auraient pu mettre en danger l'État. Le théâtre était alors considéré par Platon, lui-même, comme irresponsable, suspect et coupable. Ce que lui-même, le premier, nomma philosophie, aurait procédé de cette conversion.

Légende ou pas, il est un fait que, dans son projet fondamental, et en particulier dans son projet éducatif et politique, la philosophie s'est édifiée sur la condamnation violente et l'exclusion du théâtre. Ce qui est visé, par cette condamnation, c'est ce que les Grecs désignaient du nom de *mimésis* : imitation, reproduction, copie, bref, tout ce qui était de l'ordre de la *re-présentation*, celle de la passion, en particulier. Et si la condamnation était aussi violente, ce n'est pas parce que la représentation est la dégradation de la présence, mais c'est aussi et surtout, parce qu'elle était séduisante et qu'il fallait, comme le disait Platon, « se défier d'elle et craindre pour le gouvernement de son âme ».

Le christianisme perçoit aussi les forces occultes, démoniaques et diaboliques qui pouvaient se poindre dans le jeu de théâtre : Lucifer n'a-t-il pas transfiguré de manière dramatique l'âme humaine ? Comme si l'acteur et le spectateur devaient nécessairement adhérer, par identification, au mal qui était représenté.

Tertullien, le premier des écrivains chrétiens de langue latine, ne peut pas imaginer que quelqu'un devienne comédien, à moins d'avoir le désir profondément coupable de vouloir s'identifier au mal et à ce qui est réprouvé par Dieu.

Le fard et la parure manifestent comme tels les pouvoirs du Malin car l'homme, par son déguisement, dénonce son insatisfaction de l'acte créateur divin.

N'y a-t-il pas, de manière plus paradoxale et provocante, une composante théâtrale dans le Christianisme, lui-même, lorsque Dieu se fait homme, « et homo factus est », comme si, lui, pouvait procéder d'autorité et en toute légitimité à cette capacité de se déguiser en homme ? Mais l'Église n'a eu de cesse de vilipender le caractère dépravé, malsain, obscène du théâtre. Bossuet le traitait d'immoral, licencieux, corrompu, débauché et contraire à la vertueuse morale chrétienne. Les acteurs excommuniés devaient répudier le théâtre pour être inhumés en terre sainte.

Au XIIe siècle, le théâtre était le ciment d'une société absolutiste, ses objectifs ayant une finalité moralisante et unificatrice. Les théâtres étaient des lieux où les femmes ne sauraient se rendre sans danger. A la mort de Molière, sa femme Armande dut supplier Louis XIV pour qu'il soit inhumé en terre consacrée.

Le XVIII verra un retournement : l'institution théâtrale deviendra le catalyseur de la critique du régime en place et atteindra son paroxysme quatre ans avant 1789 avec le Mariage de Figaro de Beaumarchais.

Diderot, par son analyse du paradoxe sur le comédien (1715-1784), annonce un théâtre où le rôle de l'acteur s'inscrit par un dédoublement, se faire autre, pour produire la parfaite illusion qui va entraîner le public dans une proximité émotionnelle et une participation sociale. Evoquant la fonction de dédoublement du comédien, être soi et un autre, Diderot pense que l'art de l'acteur n'est pas tant de vivre l'émotion qu'il représente — au risque de s'épuiser — que de construire un rôle par l'exercice de sa maîtrise émotionnelle : « les larmes du comédien descendent de son cerveau et celles de l'homme sensible montent du cœur. » Imiter procède moins à reproduire qu'à dévoiler.

Si Diderot ne nie pas les émotions, il les symbolise pour qu'elles soient reconnues et reçues par la collectivité.

Stanislavsky (1863-1938) fonde sa méthode sur une psychologie de l'acteur qui, par l'observation intérieure et l'intuition de ses propres émotions et de sa mémoire affective, parfait la justesse de son jeu par la transcendance du personnage. « J'admets que pour commencer vous vous laissiez guider par l'aspect extérieur de votre jeu, mais celui-ci doit ensuite vous aider à retrouver les sentiments qui, à leur tour, vous guideront. Si vous y parvenez, c'est que votre mémoire affective est, non pas exceptionnelle, mais tout simplement bonne. »[8]

Brecht (1898-1956) pense un théâtre de la métamorphose du réel, proche d'un théâtre politique et de lutte sociale, c'est un théâtre engagé qui ne peut distraire, dès lors qu'il provoque la transformation du regard du spectateur sur les aliénations et les injustices.

Antonin Artaud (1896-1948) est hanté par l'idéal primitif du théâtre qui devrait rester fidèle à son essence religieuse et refaire de l'acteur un possédé. Il rêve d'un théâtre hallucinatoire. Après avoir inventé une autre scène dont le seul corps de l'acteur sait le lieu et la formule, il a l'intuition qu'il n'y a pas de théâtre qui vaille si l'acteur ne risque pas littéralement sa vie et sa raison, chaque fois qu'il se montre. Son enjeu n'est pas de représenter la vie mais de la faire surgir avec ses « hennissements, ses borborygmes, ses trous de vide, ses prurits, ses rougeurs, ses nœuds d'humeur, ses reprises, ses hésitations. »

Jersy Grotowsky (1933) invite l'acteur à se dépouiller pour atteindre un état de « sainteté laïque » qui incite le spectateur à une analyse personnelle proche de la dimension thérapeutique.

« Qu'est-ce que le théâtre, se demande Peter BROOK, qu'est-ce que cet espace vide qu'il faut remplir ? C'est quelque chose que les individus ne trouvent ni dans la rue, ni chez eux, ni au bistrot, ni dans l'amitié, ni sur le divan du psychanalyste, et pas davantage à l'église ou au cinéma. Ce théâtre est un art du présent, l'arène où peut se produire une vivante concentration. »

Les racines du théâtre sont en l'homme depuis la préhistoire. Il s'agit de ce besoin de s'exposer, d'agir, de convaincre, de partager, de reproduire, de secouer les contraintes, de poursuivre la quête du sacré ou d'alléger le poids de la destinée. Ce théâtre questionne le monde dans un face à face avec le spectateur en vue d'un échange ou d'un changement.

L'art de la scène est un art de la séduction, de l'émotion, de la mémoire. Il est le reflet de la vie et des instants de l'homme et se confirme comme le besoin universel de jouer à être un autre que soi-même.

Les religions sont sans doute nées de ce besoin de théâtraliser les grandes questions existentielles de l'homme, et des les ritualiser, comme pour les transcrire dans la mémoire individuelle, alors qu'elles transcendent, depuis la nuit des temps, le questionnement de l'humanité.

Le théâtre, art éternel de la représentation et de la mémoire, peut ouvrir le passage de la mort à la vie, de la vie à la mort, opérant par alchimie la métamorphose de l'homme souffrant en acteur-créant, rendant par là-même visible l'invisible, audible l'indicible, cohérent le chaotique, lumineuses les ténèbres. L'exercice du thérapeute, de l'initiateur, est de permettre à chacun de déployer sa parole et de se la réapproprier, de la faire sienne, de l'entendre raisonner, de la mettre dans la lumière ou de la glisser sous le boisseau.

« Il (le théâtre) est irremplaçable ; il est devenu un art complexe et sophistiqué, tout en restant le plus simple parce que le plus direct, sans médiatisation entre celui qui donne et celui qui prend. La vie théâtrale reste l'espace où tout peut avoir lieu, où les phénomènes les plus extraordinaires peuvent se produire (...) Le théâtre est la vie même, la vie de l'instant. Il n'existe qu'au moment où il a lieu, et il ne laisse de traces que dans les consciences. L'éphémère est dans sa nature même ; c'est sa force et sa faiblesse, car la mémoire du théâtre reste totalement subjective. En ce sens, il est parfaitement humain, dans sa beauté de l'absurde et la grandeur du dérisoire. Il est l'art par excellence. Il est aussi la rencontre de tous les arts. Il peut donc être l'objet de tous les malentendus[9]. »

Le théâtre, lieu symbolique de l'imaginaire ouvre à la réflexion sur soi, à la décharge de quelque chose de soi, à la purification des émotions (*catharsis tôn pathèmatôn-Aristote*). L'homme peut se débarrasser du « mauvais » qu'il a en soi et retrouver un effet libérateur de la parole en ce lieu de la re-présentation ; il devient la philosophie de l'instant, où la réalité et l'imaginaire s'interpénètrent et s'unifient.

Cependant la décharge émotionnelle serait vaine si elle n'était pas accompagnée d'un remaniement intérieur, d'une élaboration, intégrant une interprétation qui surmonte les résistances qu'elle suscite, et ainsi, aliène les processus répétitifs qui encombrent le fonctionnement vital.

Il ne suffit pas de refouler ou de défouler, l'action cathartique doit aboutir à une prise de conscience et viser une orientation nouvelle, voire une modification du comportement. Le théâtre se substitue à l'acte souffrant, à la pensée confuse, à la mémoire douloureuse ; il *abréagit*[10] par l'utilisation du rôle.

L'artiste-créateur a la pro-vocation de re-créer un monde nouveau, le paradis perdu du passé, pour lui donner une éternité par la représentation de son moi actuel. L'art redonne la vie à ce qui est mort et dont le souvenir attise notre meurtrissure. La création insuffle la vie dans cette absence-présence, à condition de se préserver et de se déposséder de l'angoisse dépressive qui conduirait au désir de réincarnation d'un passé définitivement révolu (mais pas résolu pour autant).

L'accompagnement psychologique par le théâtre vise d'abord à circonscrire un lieu de la parole, de la liberté et du jaillissement des mots. Il entraîne à l'expérience de l'ombre (Jung), de ce qui, inconnu en nous, se révèle comme la part divisée, diabolique (en opposition à symbolique, qui rassemble) de nous-mêmes. C'est faire l'expérience du numineux, du sacré, du « Tout-Autre ». C'est un « *théâtre pour devenir Autre* ».[11]

La présence solidaire d'un public attentif est, pour le solitaire qui fait expérience de ce théâtre de l'expression, signe qu'une parole peut être dite et entendue, selon les règles théâtrales, dans la liberté et la sécurité. Le besoin d'être entendu s'accompagne du droit d'avoir le plaisir d'être regardé.

Option narcissique d'un théâtre d'acteurs, ou prémices d'un acte d'existence dans le regard de l'autre ?

Le besoin d'entrer dans le regard de l'autre, pour des personnes qui sont exclues du champ de perception de l'autre, par exemple, dans un univers carcéral, est un des moments forts de l'accompagnement psychologique par le théâtre. Il n'en est pas l'essentiel, mais le travail du regard de l'autre sur soi peut aboutir au regard de soi en soi : « Par ses visions intérieures, il ouvre les fenêtres de son âme et donne à voir, en les confiant au public, les images qu'il reçoit, celles que son état intérieur fait naître, celles que provoquent en lui le lieu et la situation où il se trouve [12]. »

Le théâtre offre à l'homme en recherche sur la voie de l'individuation — «*deviens ce que tu es*» —, la possibilité d'un travail sur l'inconscient, une affirmation du Moi, une prise de conscience de l'autre (et de l'Autre); il s'en suit alors une prise de distance essentielle à un remaniement structural durable. Porté par le langage symbolique, le théâtre conduit à la décharge de l'accumulation des tensions personnelles et affectives, une dédramatisation des conflits, une expression et une projection des fantasmes, des aspirations irrationnelles, imaginaires ou imaginales, tandis que le désir du passage à l'acte (acting out) pulsionnel est transposé dans l'organisation de la représentation symbolique consciente et maîtrisée. On *fait comme si*, on ment pour dire vrai, on joue, mais dans un jeu qui dit le *je*. Le personnage ne s'approprie pas le sujet, il le suscite, le surgit dans l'émergence de sa pensée.

« Le théâtre thérapeutique permet au sujet de jouer ses propres rôles, rôles actuels ou virtuels que la vie ne lui permet pas (plus) d'assumer. Il invite à la compréhension intra-humaine par l'interprétation des personnages (ndlr : perd son âge) qui sont autres que soi, même s'ils peuvent faire partie intégrante de notre monde intérieur, faisant sortir le sujet de son univers clos pour rencontrer celui d'autrui, signe d'un sentiment salutaire d'une commune appartenance [13]. »

En apprenant à être, par *l'être avec l'autre*, l'autre servant de *repère*, de paramètre pour une connaissance de la part modifiable et de la part inchangeable de soi, le théâtre développe la fonction de réintégrer l'homme dans le cosmos, dans l'univers. Il n'est pas question de désintégrer ou de réintégrer ailleurs : « si l'homme ne se comprend plus, ne se sent plus inséré dans le cosmos, «micro-cosmos» dans le «macro-cosmos», le voilà déraciné, le voilà isolé, le voilà en angoisse d'abandon et de mort, le voilà, disait Kierkegaard, en déréliction, en désespoir métaphysique… et la "Bombe" apocalyptique n'a plus qu'à nous rayer de la planète [14]. »

La sociothérapie théâtrale

> « Avant, j'organisais des émeutes dans les prisons.
> Aujourd'hui, je fais du théâtre ! »
>
> Freddy, comédien-détenu : condamné aux travaux forcés à perpétuité, plus quinze ans, plus deux ans pour prise d'otage, tentative d'assassinat et vol avec violence ayant entraîné la mort sans intention de la donner.
> Trois évasions.

L'approche sociale par le théâtre, la sociothérapie, vise à promouvoir le développement des projets personnels à travers des choix autonomes, critiques et responsables, et à contribuer au développement des groupes en favorisant la *participation, la solidarité et la prise en charge de la réalité.*

Dans cette perspective, l'acte théâtral est l'outil d'une réflexion, d'une action, d'un changement ou d'une intervention sociale. Le théâtre devient ici le prétexte d'une dynamique d'adaptation ou de réadaptation à la vie sociale et communautaire, à travers un spectacle qui est la « cible commune ultime » du groupe des comédiens.

J'ai choisi de présenter cette réflexion à partir d'une expérience d'animation théâtrale vécue avec Poupée Borreman, *(psychologue et théâtrothérapeute et amie de toujours, sans qui l'aventure théâtrale en milieu pénitentiaire eut été impossible. Sa complicité, sa compétence et son amitié furent l'écho des trois coups martelés sur la scène du théâtre en prison. Et puis, c'est une femme, une petite femme tout en couleurs et en tissus... au milieu d'hommes incarcérés)* dans un milieu pénitentiaire en Belgique, lieu d'exclusion de la parole, où le détenu est aussi prisonnier de son silence : « Un lieu clos où la vie ne vous appartient pas. Où la vie extérieure vient au compte-gouttes. Où la vie est concentrée parfois à la limite du supportable : corps entassés dans des espaces réduits. Corps à corps : gardant, gardés. Rires de folie, rires de détresse, rires nerveux, rires simples et résignés. Des briques et des grilles, des ombres et des lumières, des paroles de haine et d'espoir, des chiffres, des additions et des soustractions, le temps qui coule mais ne s'écoule pas (...) [15] »

A cette époque, les expériences d'atelier théâtral en milieu carcéral étaient rares, et celle que nous avons conduite, pendant quatre ans, a assurément ouvert une brèche dans les murs de la prison, laissant s'infiltrer des ondes de créativité, de liberté et de fraternité. Même si l'expérience fait déjà partie de l'histoire, la présenter ici invite le lecteur à mieux comprendre l'enjeu d'un théâtre thérapeutique dans les arcanes d'une détention, qu'elle soit réelle et physique, imaginaire ou psychique.

L'animation théâtrale, en milieu pénitentiaire, présente, pour le détenu, un temps d'évasion momentané, une occasion de sortie des murs de sa cellule, d'exister dans une autre réalité qui tient compte de la personne et non du délinquant.

L'insertion sociale nécessite, au-delà des contraintes économiques, un réajustement de la personne et une intégration progressive à la vie sociale. L'isolement du détenu, le retrait de la dynamique communautaire, l'absence de formation, la solitude culturelle, l'absence de responsabilités, déterminent l'inadéquation d'un reclassement social dans le contexte pénitentiaire traditionnel et sécuritaire. La suppression de la liberté constitue pour des hommes et des femmes ayant vécu l'expérience de la délinquance, la sanction ultime, dont les conséquences aliénantes conduisent à un effacement du monde social, familial, communautaire. La pièce jouée à cet endroit n'a d'issue que la répétition incessante des gestes, des déplacements dans un décors terne sans éclairage ; ici, la pièce est jouée d'avance dans le côté cour. Il n'y a pas de côté jardin. Ce retrait de la liberté, cette entrée dans le désert de solitude (et parfois de l'oubli), constitue déjà en soi *la* sanction pour une repentance. La banalisation de la répression et la normalité de la sanction ont transformé l'univers pénitentiaire en un monde isolé, ignoré, secret et caché :

> « La prison fait peur ou inquiète. Ne la connaissant pas et se laissant aller à d'obscurs instincts de punition où s'entremêlent l'humiliation, la vengeance, le besoin de détruire l'autre, d'en faire le bouc émissaire de ses propres angoisses, une partie importante de la population souhaite, globalement, une répression plus dure encore. [16] »

La prison éructe et fait parler d'elle lorsqu'une révolte gronde dans ses entrailles, sinon elle est la fosse de l'oubli dans la puanteur du silence.

« Peut-être avons-nous honte aujourd'hui de nos prisons. Le XIXe siècle lui, était fier des forteresses qu'il construisait aux limites et parfois au cœur des villes. Il s'enchantait de cette douceur nouvelle qui remplaçait les échafauds. Il s'émerveillait de ne plus châtier les corps, et de savoir désormais corriger les âmes. Ces murs, ces verrous, ces cellules figuraient toute une entreprise d'orthopédie sociale [17]. »

Mon propos n'est pas de dresser un réquisitoire ou de fustiger le système pénitentiaire, mais bien d'expliquer comment le théâtre peut être à même de donner du sens à cette vie d'exclusion, où la parole est tue, et pour que se maintienne la dignité de l'homme. Le théâtre, alors terrain d'une intégration sociale, invite le détenu à colorer sa vie carcérale et à humaniser la communauté, en accédant à des prises de responsabilité, alors que la communication et la relation à l'autre se distancient de l'anonymat et de l'ennui, et qu'une vie de groupe initie à la préparation d'une insertion sociale.

L'action théâtrale doit aussi s'inscrire, avec nuances, dans ce milieu où l'exercice du thérapeute reste limité aux contraintes communautaires, ainsi qu'à la sécurité inhérente à ce cadre institutionnel particulier. Le théâtre n'est qu'un instant de la vie pénitentiaire, un moment plein d'une nouvelle énergie de vie, d'une remise en forme que le détenu va retrouver, au cours des quelques heures de nouvelle élaboration : il ne s'agit pas cependant de lui faire passer le temps, ni d'oublier son monde actuel.

Le théâtre met en action l'homme dans sa quête du sens, dans le maintien de l'humanité et l'exploration de ses possibles. La difficulté, pour les thérapeutes en prison, est de faire la part des choses entre l'expression des fantasmes, les leurs, ceux du détenu, ceux de l'institution ; il est vrai que le théâtre peut soigner, aider l'individu à exprimer quelque chose de soi, il peut parfois guérir de douloureuses blessures, réconcilier, remémorer, catharsiser, et dès lors, il ne peut laisser l'institution pénitentiaire indifférente à son action : notre mission n'est pas de veiller aux structures, mais bien d'en tenir compte, de ne point les ignorer comme tiers agissant, pour favoriser un accompagnement juste des détenus. Le théâtre, pour des comédiens-détenus, est un espace d'expression du vécu au quotidien. Il peut se dire par lui, et traduire, au travers du jeu (je) de la parole, une pensée, un état d'âme difficilement dicibles dans le face à face. Le théâtre répercute le cri d'une souffrance et d'une espérance désespérée.

Lorsque le directeur de la prison nous avait proposé, à Poupée Borreman et à moi-même, d'animer un atelier théâtral, nous avions été questionnés longuement à propos (à juste titre) de notre compétence et de nos intentions, ayant sans doute vérifié, au préalable, que nous n'étions pas les Bonnie et Clyde du théâtre. Le directeur nous avait demandé naïvement si le théâtre ne comportait pas un risque de révolte ou d'émeutes ; notre réponse fut sans ambiguïté : « bien entendu, c'est possible ! ». Évidemment, notre réponse provocante et (faussement) naïve renvoyait le directeur à la réalité de ses responsabilités ; je tiens à dire ma gratitude pour la confiance qu'il nous a témoignée, à l'époque, en nous permettant d'inventer ce modèle thérapeutique aux odeurs de soufre : parler de solidarité, de participation, de prise en charge de la réalité dans un lieu qui met tout en œuvre pour empêcher que des groupes se forment, que des revendications surgissent, que des révoltes se fomentent, a de quoi interloquer l'autorité pénitentiaire.

Amener le théâtre dans la prison a quelque chose de subversif, de risqué, même dans un souci d'humanisation de la prison. Il se joue un jeu ambigu, et peut-être dangereux, qui change le décor de la pièce. Les acteurs ont soudain cessé de subir, d'obéir aux injonctions sourdes et inutiles. Les rôles ont changé, le rideau s'ouvre sur un nouveau décor où la vie, les odeurs, les tons ont couvert presque définitivement, la sueur de l'ennui, les ternes des absences de couleurs. La vie est là, comme un nouveau printemps, dans son éveil du petit matin.

La vie en solitaire, en cellule, l'emploi du temps immuable, les activités en atelier, les us et coutumes de la prison entraînent le détenu dans la monotonie d'une vie à laquelle il ne participe pas. L'institution le prend en main, le gouverne. Lui, n'a plus aucune prise sur les événements, les décisions. La seule participation commune se tisse dans la souffrance silencieuse dont le cri se pleure silencieusement dans la nuit. Le théâtre, ce temps festif apporte une raison nouvelle de vivre, un espace d'espérance, un retour à la confiance et à la valorisation personnelle. Là, dans ce nouveau temps, il peut prendre des responsabilités, des initiatives. Il peut décider, refuser, contester ou adhérer. Le détenu a, enfin, prise sur la réalité, et l'énergie de création abonde de toutes parts. Participer, c'est être reconnu comme homme debout et vivant, mais aussi comme homme souffrant.

Même si le théâtre opère une illusion, il n'en est pas moins vrai qu'un atelier théâtral reflète la réalité de l'existence et de la vie du groupe : la gestion d'une communauté théâtrale, la réalisation d'un spectacle rencontrent les divers processus de la vie de tout groupe humain, et s'y confrontent; les joies, les craintes, les espoirs, les coups de gueule, les conflits se retrouvent avec autant d'acuité; la négociation, la discussion, la prise de décision, l'élaboration de projets, de rêves, sont vécues avec une intensité vivifiée.

S'astreindre à participer avec régularité, fidélité, à l'atelier, le poursuivre dans des conditions psychologiques pas toujours optimales, constituent cette part de réalité, réalité du quotidien, réalité du travail de l'acteur.

L'institution, les matons, les camarades interfèrent dans la création. Ils sont les composantes de la vie que nous ne pouvons pas ignorer. L'intégration du thérapeute dans la réalité carcérale prend beaucoup de temps : il doit être proche du détenu, avoir la confiance de la direction, et la sympathie des gardiens.

Le spectacle est fragile, car il repose définitivement sur un groupe d'hommes qui le supporte; si un élément s'en absente, le plateau se déséquilibre, puis se renverse et le spectacle se meurt. La tragédie (ou la comédie) est dans les coulisses.

Cette solidarité, loin d'avoir encouragé les révoltes, se prolonge par une nouvelle coexistence (pacifique) dans l'institution.

La parole transforme le regard et lui ouvre un nouvel horizon sur une réalité à taille humaine. Cette solidarité est aussi l'ouverture à l'amitié, à l'amour pour des hommes abîmés dans leur cœur.

Si le comédien n'est pas à même d'aimer ses partenaires, d'en être *solidaire*, comment les personnages incarnés pourraient-ils se haïr sur la scène ? Lorsqu'un spectacle se prépare pour une offrande au public, un lien intense lie les comédiens, et noue ce lien social qui le relie à son humanité ainsi transfigurée. Ainsi Cédric, comédien-détenu (*six ans de prison pour faux, détention de stupéfiants et vol avec violence. Une évasion*) avait organisé son évasion qu'il aurait accomplie après la présentation d'un spectacle : trou dans le mur de la cellule, parfaite organisation, barreau scié. Cependant par esprit de solidarité, il choisit de ne pas s'évader avant le spectacle, il veut remplir sa mission de comédien et ne pas abandonner ses partenaires.

« Je suis arrivé dans cette cellule, je savais vraiment pas ce que je foutais là... en fait, j'étais bien dans ma peau parce que je ne me rendais pas compte que j'étais fou... Et un matin je me suis réveillé et je me suis dit : qu'est-ce que je fous ici quoi... Et puis bon, la vie est

repartie comme ça. » (Cédric, dans Hôtel Particulier, un film de Thierry Michel et Fabienne Renard). Malheureusement (?) pour lui, pendant la représentation, les surveillants ont entrepris une fouille des cellules. L'évasion a échoué... (Aujourd'hui, Cédric est libre). Le spectacle a rencontré un vif succès.

Freddy : Vivre... Réaliser ses rêves les plus fous.
Jean : Se taire... Ne rien dire.
Freddy : Vivre sans attache... libre... Au gré du vent
Jean : Fermer sa gueule... N'être rien.
Freddy : Se sentir revivre... Revivre
Jean : Serrer les poings sur sa colère... L'impuissance.
Freddy : Revivre... S'évader... Revivre.
Jean : Meurtri, blessé... La rage dans le ventre... La haine au cœur.
Freddy : Partir, s'évader... Revivre.
Jean : Suicide sans espoir possible.
Freddy : S'évader... Rêver... Oser.[18]

De l'improvisation à l'interprétation

> « Vivre cette vie en nous que nous n'avons pas vécue et que peut-être nous ne pourrons pas vivre. Se défaire d'un rêve... On fait du théâtre parce qu'on a l'impression de n'avoir jamais été soi-même, de ne pas pouvoir être soi-même et qu'enfin on va pouvoir l'être. »[19]
>
> Louis Jouvet

La pédagogie théâtrale s'opère autour des deux axes fondamentaux du théâtre : l'interprétation et l'improvisation. L'improvisation, comme source de spontanéité, d'exploration et de surgissement, permet à des comédiens d'explorer leur imaginaire à travers la concrétisation de l'action sur scène, en rupture avec les modèles conventionnels.

Improviser, « c'est dire, ébaucher et finir dans le même temps » (Delacroix). Ces « essais » permettent de construire tout un matériau brut qu'il s'agira d'examiner afin d'en dégager les aspects les plus intéressants qui seront retravaillés en vue d'une théâtralisation extérieure.

Historiquement, le modèle auquel il est le plus souvent fait référence en matière d'improvisation, est celui de la commedia dell'arte, du milieu du XVIe siècle. Les comédiens y développaient le jeu masqué à partir de canevas préétablis. A la base « improviser consiste à composer sur-le-champ et sans préparation, donc à créer à mesure et inventer sans préméditation » (J.P. Ryngaert). Cette pratique est essentielle au niveau de la théâtrothérapie parce qu'elle « se situe exactement à l'interface entre la création théâtrale et le développement personnel. (...)

(...) C'est donc là un grand sujet dont il est difficile de parler, car il touche à la fois à l'éphémère de la création et à l'intimité de la personne. (B. Sylvander) »

L'improvisation anticipe et met en acte ce qui va advenir de l'énergie et de l'histoire de l'individu, de son projet et de son inconscient. A son insu. Sans projets aucun, le comédien qui rejoint l'espace scénique se confie à la surprise de « l'être-là ». A cet instant, sans a priori, par le mensonge qui dit vrai, les mots et les gestes, le corps et les silences cachent ou dévoilent cette part de lui indicible et mystérieuse. En italien *improvvisare* est un dérivé de *improvviso* « qui arrive de manière imprévue »[20].

Tout l'art de l'acteur en théâtrothérapie est d'accepter de se laisser conduire par le génie de la mémoire de l'oubli. Le corps transmute par sa liberté reconquise, par le mot prononcé, par la complicité retrouvée, ou feinte, dans l'altérité, au surgissement de ses transcriptions vitales. La mémoire du corps et le silence enfoui du souvenir sont cette part d'ombre qui, mise en lumière, restaure le sujet dans l'énoncé de sa vie. Il lui faut faire semblant, simuler, tromper, abhorrer, hurler son manque, son vide ou son trop-plein, pour instaurer l'espace théâtral du seul roman de son histoire. Il s'agit moins de bien jouer que de jouer, montrer, oser. La vérité dans le jeu du comédien, celle dont il fait état par la sincérité de son acte, la justesse de ses propos, la force qu'il déploie, transforment ses égarements techniques en une beauté du jouer-vrai.

Improviser, c'est, à la fois, viser une situation limite pour atteindre un état de profondeur subjective et effacer toute intention subjective pour tracer un chemin vers l'évidence. Il n'est pas question de montrer un état d'âme, mais bien de suivre la trace d'une technique induisant les associations spontanées dans un enchaînement de l'interaction « dialogique »; le but réclamé est la spontanéité. Dès lors ne sont pas tuées les idées et suggestions corporelles du partenaire, une suite d'actions libres et libérées est appelée à se développer sans logique, au-delà des intentions, au seul gré des tensions. Ce sont généralement les changements de direction qui laissent les traces les plus profondes d'une dramatique improvisée; il s'agit de laisser poindre l'évidence à travers les signes successifs dont la seule règle régit l'écoute, le regard et le déplacement du corps : l'acteur écoute, regarde, commence à se mouvoir en se penchant vers l'inhabité qui l'entoure. « Cet état de disponibilité fait de l'acteur un superbe animal (!) doté d'antennes capables de percevoir tous les frémissements de son être et de son environnement. Il est disponible à ses émotions, à son imaginaire, à son corps, à sa voix, à sa parole, aux objets et au lieu qui l'entourent, à son ou ses partenaires, au public. (B. Sylvander) ».

Le spectateur est dans l'émerveillement de voir ses partenaires, alors si timides, retenus, craintifs ou immobiles, se battre, s'opposer, hurler, haïr, adorer, éructer, jouir.

Cette disponibilité transforme la qualité de l'écoute de soi, des perceptions, des émotions et des capacités bien souvent ignorées, retenues ou mises en contention ou sous conditions. La mise à distance de l'acte improvisé rejoint le comédien dans la proximité de l'acte ou du souvenir enfouis. Il s'agit d'ouvrir l'espace de la disponibilité qui, une fois entrouvert, le mènera par le transept à son chœur intérieur. La prise de distance, par le personnage, rapproche du lieu, de l'autre lieu, de l'*utopia*.

Par la disponibilité à lui-même et au partenaire généré par le jeu improvisé, le comédien se transforme dans son lien à l'autre, l'objet absolu de ses désirs : l'altérité improvisée exige une écoute particulière et fine pour discerner l'intention du protagoniste dans l'accueil ou le refus. Saisir une proposition de jeu ne signifie pas y adhérer sans questions, mais bien maintenir une écoute permanente, chercher à saisir les intentions du partenaire, lui permettre de déployer au mieux son personnage, et lui faire place sans rivalité.

L'acteur doit pouvoir, en s'impliquant dans le jeu, garder la maîtrise de la conduite de la scène. Il reste le dépositaire de ses mots et de ses actes, ne pouvant revenir en arrière de ce qui a été montré et vu par le public. Il maintient la cohérence et la structure de son personnage dans sa permanence : il ne s'agit pas de quitter le personnage incarné pour se travestir d'un autre, mais bien de le conduire jusqu'à son terme avec toutes ses ambiguïtés et ses paradoxes. Le comédien met sa personne au service du personnage et, de ce fait, crée un lien étroit avec ce dernier. Cette relation entre acteur et acté portera peut-être des effets sur le plan personnel, mais ce travail se fait sur un plan inconscient. Il pourrait se poser des questions sur les relations fondamentales qui existent entre personnalité, personne, personnage et *personnagité*. Si le personnage et la personne ne font qu'un, le jeu s'annule. Il ne s'agit pas de se jouer soi-même, mais bien de jouer avec soi ; le personnage est issu de la vie, comme le dit Jacques Lecoq[21], et non un personnage de la vie.

Le personnage ne peut pas échapper à la personne moins encore la conduire dans des détours imparables. Le public, lui, doit saisir les instants du jeu théâtral, en être bercé ou agacé, suivant le développement, le rythme et les travers du personnage ; sa propre histoire est rejointe dans ses arcanes et ses intrigues : le personnage joué devient le prochain, de cette part de lui, cachée ou tue, alors que la jouissance du spectateur explose dans les applaudissements amplificateurs de l'instant splendide de l'émotion ainsi partagée.

L'apprentissage est difficile. L'absence de textes-supports peut apparaître comme une difficulté majeure, pour celui qui n'en a jamais fait l'expérience. Aussi, se retrouver sur scène sans avoir à réciter un texte connu et contenu, se laisser emporter, par son imaginaire, à l'ouverture et à la dispersion d'un inconscient toujours en mouvement, risque bien de troubler l'apprenti-comédien ; l'idée d'un nécessaire contrôle de la création, au risque même de ternir les couleurs de la créativité, fait bon office et justifie bien des résistances. Mais la démarche est de toute façon, bien douloureuse, qui conduit à s'exposer à nu, sans la protection textuelle, dans son corps, dans son geste, et dans la liberté de l'éclatement de l'intelligence créatrice de l'instant. Parfois, l'improvisation est sous-tendue par des canevas ouvrant par la suite à la liberté du jeu.

Dans les premières expériences d'improvisation, les saynètes proposées par les détenus avaient souvent pour thèmes les raisons de la détention : hold-up, violence, trafic de drogues. Des scènes rejouaient les conditions du quotidien de la vie pénitentiaire : l'incarcération, les rapports, la commission, la solitude, la libération. Ainsi, j'ai pu enrichir mes connaissances des techniques du braquage, du vol de voiture ou autres procédés de trafic de stupéfiants. Le plaisir de re-jouer ces instants n'était pas feint, ainsi que la douleur — « le comédien, dans son analgésie scénique, oublie les douleurs les plus aiguës [22] » — de montrer, par le jeu, les arcanes et les difficultés de la vie pénitentiaire. La violence qui occupe une place considérable dans les climats de l'improvisation se dissipe par la suite, au fil du travail. La thématique évolue, à la demande des détenus, et reproduit les questions existentielles : la vie, l'amour, le chômage, le travail, les enfants, la mort, l'injustice. L'humour, la dérision, le rire, l'émotion transposent la réflexion, l'intensifient ou la dédramatisent.

« Les personnes se jouent à nouveau la même vie comme elles le faisaient autrefois par nécessité, en se dupant consciemment. Le lieu du conflit et de son théâtre coïncide avec celui du théâtre. La vie et l'imagination se fondent dans une même identité et un même temps. Les acteurs ne veulent pas surmonter la réalité, ils la produisent. Ils en refont l'expérience, ils en sont maîtres non seulement comme des êtres d'imagination mais aussi comme des êtres réels. Sinon comment pourraient-ils lui donner une nouvelle naissance ? Car c'est précisément ce qu'ils font.

Toute la vie se déroule avec ses complications mutuelles dans la dimension temporelle ; pas un instant ni un moment ne sont oubliés, chaque instant d'ennui, chaque question, chaque excès d'angoisse, chaque repli sur soi, sont revisités.

Les sujets ne reviennent pas seulement rejouer leurs dialogues mais leurs corps aussi reviennent, rajeunis. Leurs nerfs, leurs battements de cœur, ils jouent toute leur vie depuis leur naissance comme si elle leur était rappelée par une mémoire divine ; selon un plan préétabli, double, mais identique et universel. Toutes leurs forces, leurs actes, leurs pensées, reviennent sur scène dans leur contexte et leur séquence originelle, répliques des phases par lesquelles ils sont passés autrefois. Tout le passé ressuscite et arrive en un instant[23]. »

L'aspect cathartique trouve ici toute sa raison d'être. Le comédien, utilisant l'improvisation comme purgation de ses passions transforme celles-ci sur un mode nouveau. Ce n'est pas seulement un défoulement mais une opération sur les passions elles-mêmes. « La valeur thérapeutique de l'art, surtout dans le métier d'acteurs, réside dans la capacité de partager des expériences et des émotions qui restent enfouies bloquées et inexprimables sauf dans des conditions artistiques contrôlables. Ce n'est pas de l'exhibitionnisme pour autant[24]. »

La verbalisation (dans le lieu du « paroli » — *la parole-lie*) et l'analyse qui suivent les exercices conduisent le comédien à comprendre mieux ses mécanismes psychologiques, intrapsychiques et les mécanismes du théâtre.

L'improvisation peut être thérapeutique, « à condition qu'elle se trouve au centre d'une dialectique entre loi et désir. On sait maintenant que pour qu'une improvisation ne soit pas "n'importe quoi", il faut un minimum de techniques, de modèles intégrés qui servent de moules où peuvent se former les affects[25]. »

« La liberté est relative et conquise sur les contraintes, élaborée avec humilité à partir d'elles. Elles servent donc de structures, de contenants qui en même temps stimulent, éveillent la créativité de l'artiste et la canalisent, l'empêchent de sombrer dans une confusion non partageable, non communicable, donc délirante[26]. »

L'improvisation est aussi régie par des règles nécessaires qui articulent l'espace de la créativité ; la règle interdit et permet. Qu'on la transgresse ou qu'on la suive, c'est dans le rapport à elle que chacun se situe. Le manquement à la règle ou à la Loi peut être ou analysé ou sanctionné selon l'impact réel ou symbolique de l'acte commis. Il s'agit toujours de faire *comme si*. Les contacts corporels sont maîtrisés même si l'engagement pulsionnel ou émotionnel est réel. Il ne s'agit pas de faire semblant, mais de maintenir, toujours, dans l'engagement, la différence entre l'espace du jeu et l'aire de la réalité.

« Dans la vie quotidienne, l'expression *comme si* est une fonction grammaticale, au théâtre, *comme si* est une expérience. Dans la vie quotidienne *comme si* est une évasion ; au théâtre, *comme si* est la vérité. Quand nous sommes convaincus de cette vérité, alors le théâtre et la vie ne font qu'un[27]. » Avant le jeu ce n'est pas du jeu, après le jeu ce n'est plus du jeu : l'espace de la scène circonscrit, dans la réalité de l'instant, le lieu de tous les possibles créatifs. L'annonce du début du jeu (par les dix coups donnés avec le *bâton du roi*) amplifie et signale l'entrée dans l'imaginaire. L'acte de symbolisation permet à souhaits de reproduire toutes les émotions, les violences, les agressions, par une organisation, une mise en scène consciente et maîtrisée. La loi du passage-à-l'acte (*cf.* plus loin) est aussi un apprentissage à l'adaptation sociale, pour des hommes qui éprouvent parfois bien des difficultés à contrôler leurs émotions, leurs violences et leurs pulsions.

Le comédien doit tenir compte, dans le jeu de l'improvisation, de la présence de son partenaire, pour développer une écoute attentive de l'immédiateté ; il doit aussi y répondre.

L'improvisation ouvre un espace d'échanges, une attention toute particulière à l'autre, dans l'expression de sa parole, de son regard, de son geste. Lorsque le sujet fait l'expérience du jeu solitaire, de la solitude, et qu'il accepte d'exister comme sujet dans son unique, il peut alors féconder le jeu (je) d'un autre, qui accepte de co-exister — comme sujet — dans un jeu (son je). S'il n'y a pas de co-existence réelle dans le jeu d'improvisation, l'on assiste à un jeu fusionnel (la fusion est aussi la confusion), où l'un utilise et se sert de l'autre, comme objet de ses désirs, pour la réalisation de ses pulsions. Il n'existe qu'à raison de l'absence de l'autre, dans sa présence. Le lien immédiat perturbe la communication : l'un n'existe que du fait de l'absence de l'autre dans l'instant de son je. Il s'agit alors d'exister par l'autre et si celui-ci se retire, le lien se dénoue, et la présence de l'autre se trouve niée rapidement. L'expérience du deuil dans un couple agit pareillement. Lorsqu'un des partenaires disparaît et que l'autre n'a vécu ou existé que par sa présence, il sombre dans la dépression ou le suit dans la mort.

Le comédien, de par le déchirement permanent entre le moi réel et les personnages incarnés, peut être conduit à sacrifier son monde intérieur, au bénéfice du personnage, ou à altérer son rôle, en lui imprimant par trop sa marque personnelle.

Par la verbalisation, le thérapeute évalue et vérifie avec le comédien ce chemin de métamorphose. Il veille à prévoir, et à sécuriser l'acteur contre les risques de dépersonnalisation ou du développement d'une névrose histrionique auxquels le jeu théâtral peut conduire les sujets les plus fragiles, à défaut d'une préparation et un accompagnement vigilant.

« Il (l'acteur) est forcé de s'entraîner à prendre deux personnalités, la sienne propre, son Soi caché et l'autre Soi, le rôle qu'il doit assumer. C'est un peu comme s'il quittait son propre personnage pour entrer dans celui du rôle et inversement. C'est une situation tragique que celle où il se trouve. Il peut se faire illusion à lui-même ou abuser un public crédule, mais il ne pourra recréer complètement la langue et le niveau mental de Shakespeare et des autres auteurs dramatiques de son rang. Le trac fou qui saisit tant de grands acteurs provient du conflit entre le Soi privé et le rôle imposé, entre la créativité spontanée et la conserve du théâtre[28]. »

L'improvisation est un art imprévisible qui est intimement lié à la rigueur et à la précision. Il s'agit d'avoir l'esprit ouvert à tout ce qui pourra se présenter, sans appréhensions, sans à priori, ni jugements critiques, un peu comme si l'on trouvait une âme d'enfant. Cet état de disponibilité permet aussi d'acquérir une meilleure écoute de soi, dans ses perceptions et ses émotions, écoute qui, bien sûr, ne s'obtient pas par de gros efforts intellectuels, mais qui reste beaucoup plus proche d'une réelle présence à soi-même. Se confronter à la difficulté d'improviser, c'est d'abord découvrir l'usage d'une parole pleine dont le silence fait partie, d'une parole remplie de sens, riche en nuances et fondamentalement porteuse de vie.

Par l'interprétation, le comédien revêt l'identité d'un autre qui lui fait place. Il s'y confond mystérieusement. Jouer un autre ou être un autre, camoufle une partie de soi pour mieux révéler, à l'insu, cette partie obscure. La rencontre du personnage et de l'acteur n'est pas fortuite : elle procède de cet échange intime par lequel l'acteur se laisse supporter par les fondations de son personnage. Tantôt la rencontre est aisée : elle porte sur du même. Tantôt l'incorporation s'ajuste dans la douleur : elle dévoile cet autre de soi qui ne peut absolument pas se transfigurer, au péril de rendre le spectateur témoin de ses turpitudes. L'enfantement du personnage est un moment de silence que le seuil des coulisses accueille dans le plus intime de la rencontre. Etre autre ou devenir soi par l'autre, témoigne de la densité du jeu théâtral et de son processus de découverte des mécanismes de l'inconscient qui suppose l'apprivoisement de l'âme dans la différenciation.

Interpréter, c'est aussi créer la courte distance entre soi et le personnage incarné. Le comédien conduit le personnage se préservant d'être totalement envahi et conduit par lui. Il garde ainsi le contrôle permanent sur l'émotion, et évite d'être «joué» par elle.

L'identification, «un processus psychologique par lequel un sujet assimile un aspect, une propriété, un attribut de l'autre et se transforme totalement ou partiellement sur le modèle de celui-ci[29]», n'est pas une simple imitation mais aussi une appropriation et exprime un «*tout comme si*». Elle dérive d'un point commun qui demeure dans l'inconscient (Florence)[30].

Le processus identificatoire se réalise aussi en présence d'un tiers voyeur et voyant, le *spect-acteur,* ce tiers présent qui interagit et dont l'imaginaire et la jouissance en miroir participent à la «mise à mort (…), au meurtre du père (…), acte tragique originaire de l'identification[31].»

L'interprétation donne à voir l'acteur s'ébattre entre l'immatérialité d'un fantôme et sa propre réalité. L'homme qui se déguise devient ce qu'il représente. Le voici animal, traître, amant, divinité. L'énergie du fantôme est transmise dans l'acteur.

«Le théâtre nous invite à croire à ces Ombres comme nous croyons à nos rêves, à prendre ces Doubles, non pour une imitation de la réalité, mais pour un songe vrai, hors l'espace, hors le temps. Car le rêve ne se donne jamais comme le calque du réel. Il est bien plutôt un Double, un revenant dont la voix et le geste signifient *l'Autre Scène*. Le rêve est la mise en scène d'un vœu, l'accomplissement d'un souhait refusé dans la vie, figure magique et présence hallucinée de la toute puissance du désir.[32]»

«Un grand comédien, écrit Diderot, n'est ni un piano-forte, ni une harpe, ni un clavecin, ni un violon, ni un violoncelle; il n'a point d'accord qui lui soit propre, mais il prend l'accord et le ton qui conviennent à sa partie, et il sait se prêter à toutes. J'ai une haute idée du talent d'un grand comédien : cet homme est rare, aussi rare et peut-être plus grand que le poète.»

Les détenus ont ainsi voulu monter une vraie pièce de théâtre, avec de vrais personnages, proches de leurs rêves et de leur imaginaire.

Le choix s'est porté sur «La Tête des Autres» de Marcel Aymé.

Connu, au cinéma, pour « La Jument Verte » et « La traversée de Paris », Marcel Aymé a été un peu oublié dans le domaine du théâtre. Il avait pourtant, dans les années 50, déclenché des polémiques terribles et obtenu des succès retentissants avec certaines œuvres comme « Clairembard ». Le procureur Maillard est accueilli par sa femme et ses amis après un long réquisitoire qui lui a permis d'obtenir la condamnation à mort d'un jeune musicien de Jazz. Tout le monde le congratule et le porte aux nues comme on le ferait pour un toréador qui vient de porter le coup décisif. Resté seul, Maillard voit réapparaître son condamné : celui-ci vient de s'échapper. Non seulement, il clame son innocence, mais encore, il apporte la preuve de celle-ci. Or, cette preuve est particulièrement compromettante pour le procureur et sa maîtresse... La peine de mort, la justice, l'honnêteté des magistrats et la recherche de la vérité sont au centre de la réflexion de Marcel Aymé. Loin de s'appesantir sur ces sujets, il préfère les traiter par la dérision grâce à des situations cocasses — parfois cyniques — et à des dialogues pétillants de malice. Cinquante ans après sa création, cette pièce n'a pas pris une ride et son propos est toujours d'actualité. Nous y voyons évoluer deux couples dont les maris sont des procureurs peu honnêtes, et dont les épouses sont, l'une une petite garce, l'autre, une petite dinde inconséquente. L'exagération des réparties, des répliques et des tirades engendre la mise à nu des personnages qui ne sont, finalement, que des hommes et des femmes.

La pièce a été choisie par les détenus en fonction du thème évoqué et du plaisir de l'identification à outrance aux traits d'une caricature cathartique. Sans (trop de) commentaires !

Cette expérience a favorisé l'intégration dans l'univers carcéral, de deux jeunes comédiennes, chargées de jouer les rôles féminins. En effet, il nous semblait pour le moins indécent de travestir des hommes en coquines pour la bonne cause théâtrale. Par ailleurs, la femme est, en prison, l'être de désir absent. Elle prend place dans les rêves, les fantasmes, les posters. Elle habite la parole dérisoire qui crie le manque et la souffrance de l'absence.

La participation de jeunes femmes dans le groupe a été accueillie avec beaucoup de bonheur, mais aussi dans un certain malaise, alors même que la cohésion du groupe s'en était trouvée renforcée : la présence de la femme donne une perception plus humaniste dans le climat du dédain de l'altérité. Il n'est pas inutile de tout mettre en œuvre pour favoriser une valorisation de soi et une reconstruction narcissique ternies par de longues années de peine et d'isolement.

Jamais ni un geste ni une parole n'ont empêché que se réalise, en plein, cette rencontre entre l'homme et la femme, en ce lieu désincarné et désexualisé.

(HÔTEL PARTICULIER)

<u>Edgard :</u> « Moi, j'ai une question à poser, puis je laisserai la parole à mon ami, là-bas. Le principal, je crois, pour la majorité des hommes qui sont ici, le point principal, c'est-à-dire la famille, c'est avec elle que nous avons le moins de contact. Réellement, c'est déjà un problème pour moi. Parce que vous savez, moi, quand je vais sortir de votre établissement, la première place où je vais aller, ça ne sera pas l'usine, ça ne sera pas un assistant social, ça sera chez ma famille et mes enfants. C'est avec eux que j'aurai eu le moins de contact pendant toute mon incarcération. Mais c'est dramatique ça ! Parce que c'est eux qui peuvent m'aider à refranchir la vie normale ! Et de ce fait là, il y a le problème sexuel, qui vient s'inclure également, et qui est très grave, parce que justement, de se toucher, bon croyez-moi, y'a des minutes quand ma femme vient, moi je rentre dingue. Je suis normalement constitué, j'ai cette prétention-là. Et bien, croyez-moi, quand je rentre dans ma cellule, heu... »

<u>Patrick :</u> « Ça craint ! »

<u>Edgard :</u> « Ah oui, mais non ! Croyez-moi, il faut que je me retienne, à franchement parler, il faut que je me retienne pour certains attouchements. Et puis zut ! Y a pas de problème ! »

<u>Patrick :</u> « J'crois qu'on a tous les mêmes attributs, hein. On a besoin de s'en servir. Un tant soit peu, quoi ! Ça équilibre dans la tête aussi, ça rend un peu moins agressif ! Ça je suis certain hein ».

<u>Directeur :</u> « Je ne veux pas non plus vous donner des faux espoirs... »

<u>Edgard :</u> « Non, bien sûr. Mais qu'on fasse le premier pas ensemble, Monsieur le Directeur. »

<u>Directeur :</u> « Vous ravivez continuellement ce problème... »

<u>Edgard :</u> « Mais qu'on fasse le premier pas ensemble ! Vous savez, nous avons la chance ici à Huy — c'est ce que je dis toujours — que nos épouses peuvent déjà s'asseoir à côté de nous, et c'est énorme de pouvoir se toucher, Monsieur le Directeur. Dans les autres prisons, vous avez votre épouse qui est là, vous êtes ici ; on peut à peine se toucher comme ça, mais c'est dramatique, vous savez pour un homme et pour une femme ! C'est la brisure d'un ménage ! »

Directeur : « *C'est un vaste programme évidemment.* »
Patrick : « *Ouais, mais moi, je m'attaque pas à rien, moi quand je m'attaque à quelque chose, c'est quelque chose de concret, je m'excuse, hein, je suis en prison depuis l'âge de 16 ans, pour moi à ce sujet-là, y a rien qui a bougé, quoi. Moi 2 heures de visite, ça m'intéresse pas, quoi. Parce que c'est 2 heures auxquelles j'me dis, je vais pouvoir la sauter, je vais... et à la fin de la visite, je l'ai toujours pas sautée, quoi. C'est vraiment de... Comment est-ce qu'on appelle ça, avec leurs termes...* »
Un détenu : « *Une frustration* »
Patrick : « *Une frustration. Voilà, c'est ça quoi.* »

Extrait du film de Thierry MICHEL et Fabienne RENARD « Hôtel Particulier-réunion avec le directeur (comité consultatif des détenus) », 1985.

NOTES

[1] Jean Fanchette, «*Psychodrame et théâtre moderne*», Coll. 10/18, Buchet Chastel, Paris, 1977.
[2] L. Jouvet, «*Le comédien désincarné*», Paris, Flammarion 1954.
[3] Vito Pandolfi «*Histoire du théâtre*»? p. 12, Marabout université, 1968.
[4] Vito Pandolfi, *op. cit.*, p. 39.
[5] Chevalier et Gheerbrant «*Dictionnaire des symboles*», p. 357, Laffont, Paris, 1982.
[6] Y. Lorelle «*Les transes et le théâtre*», Cahiers J.L. Barrault n° 38-39 cité par Nathalie De Novais Païva in «*Expérience de théâtrothérapie en hôpital de jour*» ; mémoire 1996-1997 ULB.
[7] Mircéa Eliade, «*Le mythe de l'éternel retour*», Gallimard, Paris, 1949, cité par Païva.
[8] C. Stanislawski, «La formation de l'acteur», Paris, Petite Bibliothèque Payot.
[9] Jean-Pierre Miquel, «*Le théâtre et les jours*», Flammarion, 1986.
[10] abréaction : décharge émotionnelle par laquelle le sujet se libère de l'effet attaché au souvenir à un événement traumatique.
[11] Laura Sheleen, Danseuse, kinésithérapeute et formateur, américaine d'origine suédoise, vit et enseigne en Europe depuis 1954 ; elle se présente comme une thérapeute par la danse. Elle adapte les notions de l'art et de la danse, du mime et du dessin à la formation ; elle travaille sur l'espace, le temps, l'énergie, la vitesse, les rythmes, l'être et le paraître, le rôle et le masque, l'orientation du corps dans l'espace-temps « *Théâtre pour Devenir Autre* », EPI, 1983.
[12] Sophie Moscovo.
[13] Jean Fanchette, *op. cit.*
[14] Pierre Solié, in Préface, Laura Sheleen, *op. cit.*
[15] Georges Kellens-Université de Liège, in *Dossier Hôtel particulier*, un film de T. Michel et F. Renard, Ed. Yellow Now, Liège, 1985.
[16] Michel Graindorge « *L'Affrontement* », Edition Vie Ouvrière.

[17] Michel Foucault *« Surveiller et punir »*, Gallimard.
[18] Extrait de *« Hôtel Particulier »*, un film de Thierry Michel et Fabienne Renard, 1985.
[19] Louis Jouvet, *« Le comédien désincarné »*, Pygmalion, p. 32, Paris, 1954.
[20] Le Robert *« Dictionnaire historique de la langue française »* sous la direction de Alain Rey, Paris, 2000.
[21] Jacques Lecoq *« Le corps poétique »*, Actes Sud, 1997.
[22] André Villiers, *La psychologie du comédien*, Mercure de France, p. 222, Paris 1942.
[23] Jacob L. Moreno *« Théâtre de la spontanéité »*, Epi, 1982.
[24] L. Strasberg *« L'actor Studio et la méthode »*, Interéditions, p. 136, Paris, 1987.
[25] N. Pinto De Novais Païva, *« Expérience de théâtrothérapie en hôpital de jour »*, Mémoire, p. 46, Université Libre de Bruxelles, 1996-1997.
[26] F. Schott-Bilmann, *« L'improvisation est-elle thérapeutique ? »*, Art et Thérapie n° 34-35, juin 1990, p. 17 à 26, cité par PAÏVA, *op. cit.*
[27] P. Brook, *« L'espace vide »*, p. 183, Seuil, Paris, 1977.
[28] Moreno, *op. cit.*
[29] J. Laplanche et J.B. Pontalis, *« Vocabulaire de la Psychanalyse »*, PUF, Paris, 1994.
[30] Jean Florence *« A propos de l'identification »*, Psychodrame et Psychanalyse, Cahier d'une journée d'études, UCL, 1977.
[31] Jean Florence, *op. cit.*
[32] Jean Florence, *« La fantaisie intermédiaire. Les identifications théâtrales »*, Notes de cours ; Psychologie et Théâtre, UCL, 1982/83.

Chapitre III
UN CHEMIN THÉRAPEUTIQUE

> « Condamnés à expliquer le mystère de leur vie, les hommes ont inventé le théâtre. »
>
> Louis Jouvet

La théâtrothérapie

> *La présentation de la méthode est inspirée de l'excellent mémoire de Pascal Lauwers[1] qui a observé et décrit notre activité avec beaucoup d'à propos.*

La théâtrothérapie est un modèle psychothérapeutique et de développement personnel qui s'appuie presque exclusivement sur le théâtre spontané, l'improvisation, l'apprentissage de techniques théâtrales, des conventions scénographiques, et la mise en parole analytique de l'expérience vécue.

La théâtrothérapie se sert du jeu théâtral sous toutes ses formes, improvisation, jeu masqué, interprétation, jeu des clowns, expression corporelle, mise en scène, pour amener la personne à bien comprendre les mécanismes du théâtre, leurs rituels et leurs symboliques, et d'autre part, à prendre conscience, pour mieux les saisir, des processus psychologiques qu'elle met en action vis-à-vis d'elle-même, dans ses relations inter-individuelles et au sein d'un groupe.

L'objectif premier de la démarche est évidemment d'entreprendre en vue d'un changement, ou d'un aménagement intra psychique plus confortable, ou plus heureux, non pour devenir conforme à la norme, mais bien conforme à soi-même. La psychothérapie conduit à un développement personnel plus harmonieux et épanouissant : « Toutes les entreprises humaines dans le domaine de la création sont guidées par le besoin de surmonter l'inharmonieux, le défectueux, de combler les manques, processus qui se ramène, psychanalytiquement, à la recherche de la complétude par la maîtrise des mauvais objets[2] ? ».

En 1921, le Docteur Jacob Levi Moreno, sensibilisé au jeu théâtral improvisé, crée un théâtre impromptu, sans décors, avec participation des spectateurs, dans une sorte de théâtre en rond. Ce théâtre fut d'abord une sorte de « laboratoire expérimental de jeu spontané ». En 1923, rappelle Anne Ancelin-Schutzenberger[3], « au cours d'une de ces séances, rejouant un fait divers, la jeune Barbara se trouve transformée par l'action cathartique du rôle qu'elle tient (une prostituée assassinée) et ses relations conjugales améliorées. Ce sera le départ du théâtre thérapeutique qui, par le jeu des problèmes personnels, deviendra le psychodrame.» Moreno a défini le psychodrame comme «le fait de *jouer sa vie* sur la scène psychodramatique».

«En psychodrame, il s'agit de vivre en groupe une situation passée, présente, ou même future, non en la racontant dans un colloque singulier, (...) mais dans une action improvisée, (...) s'appliquant à une situation vécue : le héros (ou protagoniste) exprime ses véritables sentiments et met en scène la situation avec l'aide de tous les personnages nécessaires à l'action et qui lui donneront la réplique. Ces "égo-auxiliaires" (assistants thérapeutes) réagissent spontanément en se fondant non seulement sur ce que le protagoniste a dit de la situation et de la personne qu'ils incarnent, mais surtout sur les réactions ou les sentiments que provoque chez eux l'acteur principal, ou suivant les indications données par le psychodramatiste (...) responsable de la séance.»[4]

Il y a bien une transposition qui s'opère par le jeu théâtral et qui assure la dimension du *faire comme si*, mais les sujets d'improvisations, par leur référence à des faits réels, dont ils tirent leur substance (s'agit-il encore *d'improvisation* lorsque le contenu des scènes est entièrement prédéterminé dans son déroulement?) restreignent les possibilités de l'imaginaire. Dès le départ, on le voit, le «théâtre» qui est à l'origine du psychodrame, revêt une forme particulière, très rattachée à la réalité des faits, qui le différencie des conceptions et de la pratique théâtrale habituelle.

L'Expression Scénique Dirigée de Dars et Benoit (1960) met en valeur un aspect particulier du travail thérapeutique qui déjà se différencie de la démarche opérée en théâtrothérapie : l'expression scénique ne s'oriente pas sur la recherche des causes profondes de troubles psychologiques, mais s'applique à apporter, par une intervention directive, une solution qui prend la forme d'un réapprentissage de conduites sociales. Sur le plan pratique, cette méthode consiste simplement à faire dire (jouer) aux patients des textes tirés du répertoire littéraire théâtral et poétique. Jean-claude Benoit affirme : «Pour le progrès même de la cure psychothérapeutique, l'obtention d'émotions cathartiques joue toujours un grand rôle. La stimulation émotionnelle ainsi obtenue est un facteur dynamisant du processus thérapeutique. (...) L'expression scénique offre d'importantes possibilités d'expression des conflits et de catharsis. Le voile symbolique de l'œuvre littéraire permet l'abord direct de certaines structures anxiogènes. Des analogies étroites de ton et de nature entre le texte travaillé et les sentiments morbides donnent au sujet la possibilité d'une prise de contact aménagé avec le foyer de son angoisse. »[5]

La démarche thérapeutique de Dars et Benoit s'appuie sur le savoir préalable du thérapeute qui connaît le « problème » du patient et qui va chercher, en dirigeant la personne sur scène, à ce qu'elle le découvre. Il s'agit en quelque sorte d'une prise de conscience dirigée vers la connaissance de la connaissance du thérapeute.

La dimension thérapeutique de la Théâtrothérapie recouverte par l'aire théâtrale déclenche sa surprise dans le temps de jeu, de l'émergence de l'insu de cette part de soi parfois inavouable. Ce moment de l'insu est unique. Il ne peut avoir lieu que dans les espaces de l'art thérapie : espaces de la transition entre le dedans et le dehors, le moi et le non-moi, le monde intérieur du sujet-actant et le monde extérieur du sujet spect-actant :

« Dans la vie de tout être humain, il existe une troisième partie que nous ne pouvons ignorer, c'est l'aire intermédiaire d'expérience à laquelle contribuent simultanément la réalité intérieure et la vie extérieure. Cette aire n'est pas contestée, car on ne lui demande rien d'autre sinon d'exister en tant que lieu de repos pour l'individu engagé dans cette tâche humaine interminable qui consiste à maintenir, à la fois séparées et reliées l'une à l'autre, réalité intérieure et réalité extérieure[6]. »

Cet effleurement des mondes conduit l'acteur à la provocation tout intérieure, au déclenchement brusque de la chose non-dite et à la transcendance dans l'immédiat de cette obscurité mise en lumière, soudainement.

Ainsi de la schizophrénie avec sa difficulté à s'extraire de son univers intérieur et onirique ou de la névrose qui fait obstacle à l'accès de l'intériorité, voire de certains troubles de personnalités qui opèrent par sursauts de passage-à-l'acte, sans limites, sans règles ni lois. Notons, comme le souligne P. Attigui qu'« il est apparu, au fil de la pratique, que les patients psychotiques qui parvenaient à s'inscrire dans ce champ (de jeu) s'ouvraient dans un même temps au champ social. Même si le jeu demeure une activité échappant presque par définition aux normes sociales, il s'avère que ceux qui parviennent au bout d'un certain temps à tirer des bénéfices d'une telle expérience sont précisément ceux qui auront pu parcourir la distance poétique qui mène de moi à l'autre. (...) Le psychotique ne pense pas, encore moins se pense, il est pensé, il est pur destin, il n'est pas sujet... Expropriation, et non refoulement, parce que le psychotique ne peut avoir d'autres pensées que celles mises en lui par l'autre. Comme lieu, il est exproprié et toutes les pensées qui lui sont propres, liées à ses perceptions et à ses souvenirs, seront marquées de l'irréalité parce qu'il n'y a pas de sujet auquel elles pourraient être attribuées, si ce n'est lui-même un sujet exproprié et marqué d'irréalité, de sans-lien, sans statut, sans reconnaissance. Il flotte. Si cela lui arrive, il en est le théâtre, mais pas l'acteur. (...) En prenant la parole sur scène, le psychotique se réapproprie un processus de pensée vivante. Il n'est plus le théâtre d'une action qui viserait son anéantissement, il devient l'acteur qui désormais peut s'en défendre. Il possède des idées parce qu'il rentre en son corps.[7] »

L'inattendu du jeu opère de cet interstice qui dévoile l'ex-pression, la sortie au-dehors, la *gestaltung* ou mise en forme proposée par Prinzhorn[8] : « il est d'usage, s'agissant de la création artistique, de dire : l'œuvre est l'expression de l'artiste — (de son moi, de son Je, de sa personnalité, de son génie voire de son inconscient). Mais n'y a-t-il pas dans cette opinion si commune, une formidable réduction psychologique d'une œuvre ? A titre provisoire mais impérieusement indicatif, une formule lancée par un peintre pourrait figurer comme apophtegme voire comme avertissement et maxime inspirant l'ensemble de notre méditation : à un élève (d'académie) qui disait venir prendre des leçons de dessin et de peinture afin de pouvoir s'exprimer, ce maître a répondu : "je ne peins pas pour m'exprimer, mais pour exprimer quelque chose"[9]. »

Le théâtre spontané

Le théâtre spontané est un théâtre qui surgit, sans autre directive particulière que de s'inscrire dans la direction de l'instant du jeu. Il s'agit d'un supposé non-vrai qui provoque des rencontres imprévisibles et immédiates dont le participant peut saisir la rare opportunité. Lieu de réelle complicité dans l'agir du jeu des partenaires, le théâtre spontané invite à s'entendre et à s'écouter dans l'ignorance de la raison de la rencontre. Chacun est dépositaire de sa parole et de son écoute, au service d'une action par un rebond d'associations, d'imagination, et sans refus constant des propositions du partenaire. Le théâtre spontané est la voie royale d'accès à l'imaginaire et à l'inconscient.

Le théâtre spontané permet au participant de se confronter à l'univers de la scène et lui offre l'opportunité de faire l'apprentissage de la « technique » théâtrale (pose de la voix, clarté de la diction, capacité respiratoire, développement de l'expressivité et de la souplesse corporelle, occupation de l'espace) et des conventions théâtrales. Ensuite, il introduit un temps de nomination, parole analytique de l'expérience vécue, qui permet au participant de confronter sa prestation aux divers mécanismes de projection, d'identification ou d'introjection développés par le groupe-public (les autres participants et les thérapeutes). Le temps de l'émergence de la parole analytique engage le dialogue entre les participants. Il renvoie les protagonistes de la scène à une réflexion sur la différence, souvent surprenante, entre l'intentionnalité d'un jeu, la réalisation du jeu et la perception qu'un autre peut en avoir. Cette réflexion permet la découverte et la prise de conscience de certaines attitudes complètement ignorées des protagonistes et amène ces derniers à réfléchir sur leurs conduites dans la vie et sur la répétition d'actes ou de comportements transposés dans le jeu théâtral.

D'autre part, ce temps de parole analytique saisit le spect-acteur, par l'identification de son vécu au déroulement de la scène et « ailleurs » dans sa vie personnelle : les divers mécanismes inconscients du regard et l'interprétation qu'il peut en faire, provoquent des prises de conscience. Le travail d'élaboration ou de perlaboration se passe aussi dans l'espace réservé au public ; ainsi des participants craintifs ont le droit de se préserver de devoir monter sur le plateau, dans les premiers temps, en restant assis, activement.

Parfois, les deux temps du travail théâtrothérapique (jeu et analyse verbale) se complètent d'une remise en jeu où les protagonistes tentent d'autres approches de la situation théâtrale, expérimentent d'autres comportements, de nouvelles réactions, ou travaillent sur les difficultés personnelles à exprimer tel sentiment bien précis (colère, tristesse, agressivité...).

Dans le cadre d'une remise en jeu, l'un des thérapeutes, également comédien, prête quelque fois son concours en montant sur scène et, en jouant un personnage, place les participants dans des situations de jeu bien précises par lesquelles il s'efforce de susciter chez le protagoniste une réponse différente à un comportement bien connu. L'intervention du thérapeute n'est pas inductrice d'un comportement défini. Elle sert au contraire de catalyseur et vise, par l'intermédiaire d'un personnage poussé plus « à fond » voire même excessif, à amener le participant à quitter des réponses habituelles et découvrir une nouvelle palette de réactions mieux adaptées.

Le thérapeute est un passeur, comme aimait à le préciser le Docteur Michel Aflalo[10] : il fait passer, mais il passe avec l'autre. Animateur, initiateur, thérapeute. L'initiateur « désigne ici, premièrement, celui qui met un individu au courant d'une science ou d'un art, et deuxièmement, celui qui, selon C.G. Jung, accompagne l'individu dans son humanisation, sa différentiation, qui l'initie à ses origines dans la nature et l'aide à naître dans sa culture et dans l'individuation. Initier, c'est d'une certaine façon faire mourir ; l'initié subit une transformation, il meurt à ce qu'il était ; il naît dans un changement. Sa voie initiatique est une progression lente vers la réalisation intérieure des possibilités que l'individu porte en lui-même, à l'état virtuel : un éveil tout d'abord à toutes ses facultés normales. Les opérations de l'initiation s'expriment essentiellement par le symbole. La fonction originale des symboles est précisément cette révélation de l'être à lui-même. (...) »

« L'artiste-initiateur avec son savoir-faire technique, doit avoir aussi une vision claire de ses pulsions narcissiques propres pour éviter de se faire valoir, utilisant le groupe pour magnifier sa gloire propre et sa jouissance personnelle. Dans l'histoire de la magie, l'humanité a toujours fait une distinction entre le magicien blanc, utilisant son savoir et son pouvoir au service de la communauté, et le magicien noir, qui utilise le sien pour lui-même[11]. »

Pour ma part, je n'ai pas failli, bien évidemment, à être aussi ce magicien noir mû par la volonté de puissance, avant de pouvoir commencer le cheminement vers le « blanc ».

La co-animation a été le garant de certains réajustements. Nous travaillons généralement en couple thérapeutique mixte, un homme et une femme. La personnalité et le tempérament des thérapeutes rassurent les participants sur la possibilité de se référer, à tout instant, à un imago parental. Il importe de s'entendre suffisamment bien et se faire confiance pour supporter des désaccords thérapeutiques — éventuellement amplifiés — laissant au participant la pleine responsabilité de ses choix. L'un peut adopter une attitude délibérément stimulante ou provocante (« paternelle »), tandis que l'autre manifestera de la compassion ou du soutien (« maternel »). Le groupe permet aussi des transferts latéraux, de type fraternel, dont le rôle n'est pas négligeable.

La participation de deux thérapeutes supporte la circulation et la dynamique des inconscients et des projections du groupe. Le couplage thérapeutique déploie la stricte observance de la règle et de l'état de fonctionnement du groupe et des individus. Les deux cothérapeutes pratiquent un secret partagé, c'est-à-dire que chacun informe l'autre de tout ce qui lui paraît utile. Cela implique des fréquents moments de coordination entre nous : ces échanges permettent une stratégie thérapeutique concertée et une supervision mutuelle, à chaud.

Il s'agit d'être conscient de ses propres pensées ou pulsions, fantasmes ou projections, et de les maîtriser, en vue de favoriser l'itinéraire du participant à travers ses aventures propres et son monde intérieur. Le thérapeute-passeur est au service de celui qui doit passer sur l'autre berge ; la barque doit être stable, la distance ajustée, le confort assuré, la discrétion de mise, le cap maintenu.

La symbolique théâtrale

Le théâtre propose, au regard des spectateurs un jeu dont le strict encadrement spatial garantit le bon fonctionnement du jeu. Il est aussi le garde-fou qui empêche les débordements, la perte de contrôle et le surgissement de la violence. C'est le dispositif qui garantit l'illusion et assure un espace symbolique nécessaire à la transposition des comportements souffrants en jeu théâtral.

L'espace théâtral, séparé du public par une ligne de démarcation, trace bien la limite de passage entre la réalité, le public et l'imaginaire de la scène.

L'aire du public est celle de la réception. Elle constitue cet espace privilégié où le regard se fait écoute en silence.

L'aire du public est aussi consacrée au temps qui précède le jeu. C'est là que les thérapeutes présentent les exercices. C'est là que, dans un silence parfois lourd, se mettent en veille, auprès de chaque participant, une réflexion personnelle et une fécondation, incitant à la décision, facile ou difficile, de monter sur scène. Cette matrice de conception, comme le souligne Laura Sheleen, est aussi l'espace du public qui ouvre le temps consacré à la nomination, c'est-à-dire, au partage verbal des sensations et des perceptions découlant du jeu, vécues tant par le spectateur que par l'acteur.

L'aire du public est donc le lieu de la réalité, où chacun parle en « je », où se noue le dialogue, où se met en mouvement toute la dynamique (ou l'apathie) du groupe ; lieu du partage, de la rencontre, mais aussi de la confrontation ou des conflits, lieu de la réflexion, de l'analyse. Et du silence. C'est aussi celui où chacun se retrouve, à la fin de la séance, avant de repartir dans un temps de suspension vers l'extérieur, la vie et son cortège de préoccupations, avant les nouvelles retrouvailles.

Le travail est dit suspendu car l'inconscient, fleuri de toutes les actions scéniques et les analyses, prolonge, dans le temps et hors de l'espace, la perlaboration du discours.

L'écoute et la parole analytique s'exercent dans le lieu du *paroli*, cet endroit juste au-delà de la scène, mais non encore investi dans le public. C'est le temps de la nomination où acteur et spectateur partagent leurs frustrations, leurs projections, où ils règlent leurs comptes (avec eux-mêmes).

L'espace de la scène, nous décrit encore Laura Sheleen est « la partie du théâtre où jouent les acteurs, l'action même qui fait le sujet, l'ensemble des objets qui s'offrent à la vision... Scène... cène la table où le repas (le corps du dieu) sera pris... l'autel où le corps sera offert pour le "sparagmos" (division, morcellement) qui doit précéder l'omophagie (incorporation, acte de manger). Quand le protagoniste (premier acteur) prendra son courage pour se placer sur cette table qui est la scène, il sera le premier à "agoniser" devant les yeux incorporants des spectateurs. En montant sur scène, on pénètre dans le vif du problème : avoir quelque chose à montrer (en étant sujet) et accepter de s'exposer, d'être incorporé par le regard de l'autre (devenir l'objet du spectateur)[12]. »

Il est d'ailleurs amusant de constater, à la suite de mon observateur Pascal Lauwers, que l'évolution actuelle tend à souligner cet aspect de nourriture (existentielle ?) en substituant au mot « scène » le mot « plateau ». Le public n'attend-il pas au théâtre qu'on lui serve tout sur un plateau ?

La scène est le lieu du jeu, de la fiction, du faire *comme si* : les participants, endossant les habits du personnage, pénètrent dans le monde de l'imaginaire, où toute action est transposée et autorisée sur un plan symbolique. Sur scène chaque acteur joue et entretient une fiction qui l'empêche de s'oublier dans des actes incontrôlés.

« Dans les jeux, tout sera permis si l'expression reste symbolique... tout sera permis sauf le passage à l'acte. Tout sera permis et sollicité, la "scène" et "l'obstacle", le dépassement de tous les tabous, la représentation de nos fantasmes les plus inavouables. On sera invité à aimer et à haïr, à réaliser la représentation de l'inceste, du meurtre, du parricide ou du matricide et de l'infanticide, mais aussi à enfanter, s'enfanter, mourir et renaître, à jouer le rôle du fou, du démon, du bouffon, du clown, et aussi du roi, de l'ange, du démon, du dieu, de la déesse, de l'animal, de l'esprit, de la montagne, de la mer etc. La tâche sera d'apprendre comment exprimer tous ces différents états par la symbolique de l'image et du geste, par le "comme si", non seulement intellectuellement, mais mus de l'intérieur par nos sentiments profonds... et... de les différencier de nos pulsions émotionnelles qui nous possèdent et nous engouffrent dans les passages à l'acte[13]. »

Le contrôle de soi qui implique l'intériorisation définitive de la règle sacro-sainte de *l'interdiction du passage à l'acte* — acting-out — (terme forgé par Moreno ; 1932), et qui indique un passage à l'action, à l'actualisation ou la réalisation des pulsions ; l'acting, compris dans son sens psychanalytique, est de l'ordre de l'impulsion. Souvent délictueux, agressif, intrusif et transférentiel, il constitue un manquement à la règle de la représentation. Passer à l'acte, c'est atteindre l'intégrité de l'autre ou de soi-même, par impulsivité, sans contrôle du geste de sa puissance agressive ou intrusive. Tout peut se jouer, tout peut être représenté, mais dans le respect de la liberté et de l'intégrité de l'autre et des choses (par exemple, le décor) : ainsi le désir du passage à l'acte doit être transposé dans une expression et une organisation symboliques maîtrisées. Il s'agit de conduire son émotion ou son geste et non de se laisser conduire ou porter par eux. Le jeu doit exprimer le *je*. En aucun cas, les participants ne pourront franchir la frontière qui sépare la fiction de la réalité, et consommer un acte qui se doit de rester purement signifié. A défaut la démarche ne sera en effet plus symbolisée et s'activera sur le plan réel. Le groupe quitte alors l'imaginaire et cesse d'être thérapeutique. Le thérapeute, par ailleurs garant de cette règle sécuritaire, agite une clochette dans les instants d'acting dangereux. Le jeu est alors interrompu et le passage à l'acte verbalisé, analysé, défini, parfois sanctionné.

L'exposition de l'acteur dans le regard d'autrui est une démarche difficile, voire inquiétante elle confond le sujet avec son ambivalence entre le plaisir de se montrer et la crainte d'être vu, de mettre à nu les nuances de son inconscient, de révéler cette part inavouable. Mais l'attraction théâtrale entraîne l'acteur aussi vers le plaisir d'être perçu comme unique au cœur du regard du spectateur. Jouer, c'est faire l'apprentissage d'un acte d'existence dans le regard de l'autre et ressentir le plaisir de la reconnaissance. A cette fin l'acteur se doit de dépasser dans l'inconfort du trac, de cette délicieuse et désagréable sensation, pour ne pas se laisser terrasser par elle, en mobilisant toute son énergie et gardant la maîtrise de ses émotions.

Entre l'aire du public et l'espace de la scène, réside le lieu des secrets : les coulisses. En théâtrothérapie, dans la disposition la plus courante, les coulisses sont situées latéralement, de part et d'autre du plateau. Elles donnent accès à la coulisse principale où l'acteur, à l'abri du regard, va se préparer, par une ultime concentration, avant son entrée en scène. Pour le spectateur, les coulisses sont un ailleurs imaginaire duquel arrive le personnage et vers lequel il part ; elles sont le lieu de préparation et de transformation de l'acteur.

Précisons d'ailleurs que ce n'est pas le personnage qui rentre sur scène, c'est l'acteur qui entre en scène ; le personnage vient d'un lieu où il était occupé à faire quelque chose et arrive dans un autre lieu, préfiguré par le décor. De la même façon, le personnage ne quitte pas la scène mais sort d'un lieu avec l'intention d'aller dans un autre lieu. Parfois la démarcation entre la scène et la salle perd son évidence : les comédiens transportent sur leur personnage de multiples facettes de l'inconscient du spectateur. Le public n'est pas un simple miroir, il achève, en lui, les signes que lui donne l'acteur. Nous devenons aussi, par la force hypnotique du théâtre, un instant l'amoureux ou l'assassin, solidaire du fourbe ou de la catin, parce que le théâtre permet toutes les transgressions et que les personnages sont excessifs, leur histoire, hors du commun. Le spectateur, devient, lui aussi, ce quelque chose de la vie du personnage : le va-et-vient favorise l'émergence de l'envie de jouer ou de jouir, qui peut alors se fondre avec ce qu'est le regardant dans l'action du regardé. Spectateur et acteur peuvent alors interchanger, cessant de figer la fonction des spectateurs qui ont été, à l'époque des Molière ou des Racine, les « honnêtes gens » — reflet de la conscience du roi — la cabale, les agitateurs du parterre, ou des « gens éclairés », au temps de Voltaire ou Diderot, ou encore « le peuple » dans les drames moraux des philosophes. Le dialogue avec le spectateur a été rendu possible avec Stanislavski, Copeau, Dulin, Jouvet ou Vilar, pour n'en citer que quelques-uns. Brecht, en Allemagne, a donné au spectateur une place fondamentale, le public devenant la finalité du théâtre. Mais est-ce encore alors du théâtre ?

L'espace des coulisses est essentiel pour l'acteur : c'est là qu'il se concentre pour arriver à mettre de côté, le temps de son jeu sur scène, toutes les préoccupations qui ne concernent pas directement son rôle. Hamlet n'a pas à se soucier de la façon dont il va payer ses contributions : ce n'est pas là l'obsession que lui a conférée Shakespeare.

En théâtrothérapie, les coulisses sont, comme dans la pratique théâtrale courante, le lieu de préparation à l'entrée en scène. Lorsque la scène s'appuie sur l'improvisation, les coulisses permettent à l'acteur d'élaborer les bases d'un petit scénario constituant un projet de jeu, qui devra s'accommoder des adaptations surgissant de la rencontre avec les partenaires. De plus, les coulisses sont un lieu de passage de l'aire du public vers la scène. Les participants qui se sentent une envie soudaine de jouer, passent par les côtés (coulisses latérales), se concentrent et font leur entrée en scène.

La délimitation symbolique de l'espace théâtral (aire du public, scène, coulisses et paroli) s'appuie sur les conventions qui régissent l'organisation et le déroulement des séances. Cette délimitation instaure un lieu pour regarder, un lieu pour jouer, un lieu pour se transformer et un lieu pour dire, se dire et entendre.

LES COULISSES

Matériel, déguisement, masques

Scène

Imaginaire de l'acteur

Cérémonie
du
Thé

PAROLI

Lieu d'écoute et de parole de l'acteur

Thérapeutes

*Place du Passeur
et du Maître du jeu*

AIRE DU PUBLIC

*Espace de projection, d'identification, d'introjection,
de transfert*

Réalité du spectateur

Du trac

Le mot *trac* se joue de nous. Sa réalité se dévoile dès lors qu'on en prononce chaque lettre : *T-R-A-C, terrassé* ! Avoir le trac, c'est être terrassé par un mécanisme mystérieux qui nous possède et nous rend vulnérable ; au moins, par le trac, nous pouvons avoir conscience, partiellement, de l'importance de ce que nous avons à dire ; et cette conscience est absolument nécessaire, si nous voulons toucher l'interlocuteur, le rejoindre dans son silence en attente. Lorsque parler représente un danger, l'organisme mobilise un arsenal de forces destinées tout à la fois à fuir, affronter ou supprimer la menace et à nous maintenir dans un état de calme, de sérénité, de lucidité. Cependant, si la pensée du locuteur est envahie par le trac, l'énergie dégagée se déploie de façon anarchique et provoque une décharge d'adrénaline excessive. La noradrénaline est un neurotransmetteur important pour l'attention, les émotions, le sommeil, le rêve et l'apprentissage. À cause du stress dû au travail ou à l'effort physique, les neurones à noradrénaline sont suractivés. Pour contenir cet excès, la production d'endorphines augmente, amenant la disparition de l'inconfort et même une impression d'euphorie. Mais lorsque le stress cesse (ou la pratique du sport, ou des activités excitantes), il n'y a plus assez d'endorphines pour contrôler la sécrétion de noradrénaline. L'individu ressent à la fois un manque (d'endorphines) et un malaise dû à l'hypersécrétion de noradrénaline. Il va donc chercher à retrouver ces situations où son cerveau est inondé. La noradrénaline provoque la contraction des vaisseaux sanguins et l'augmentation de la fréquence cardiaque.[14]. Cette intelligence de la sensation mesure la responsabilité de l'engagement de l'acteur et atteste toute l'importance de ce qu'il va présenter aux spectateurs.

Le trac, centre de l'intuition et cœur de l'intelligence de notre senti, amplifie la sensation et la lecture de notre émotion et de celle de notre partenaire ; il précède puis accompagne l'orateur, se frayant le chemin du lien entre l'attendu et l'entendu d'une parole annoncée et énoncée. Feu sacré et permanent, l'intuition veille, réchauffe, et illumine l'être.

Déroulement des séances

La première séance est avant tout consacrée à la prise de contact. Les participants qui pour la plupart ne se connaissent pas, arrivent et sont accueillis par les thérapeutes. Ces derniers exposent, dans les grandes lignes, la manière dont le travail s'effectue et mettent l'accent sur la nécessité d'un engagement personnel de la part de chacun. Chacun aura un délai de trois séances pour se décider à s'engager dans le cheminement thérapeutique. De même que l'acteur professionnel signe un contrat par lequel il s'engage (et est engagé) à jouer et ne peut se retirer (sauf cas de force majeure) sans mettre en péril le spectacle, le participant doit s'impliquer d'une façon responsable et solidaire, dans la durée et la permanence.

Les thérapeutes présentent et définissent les lieux, instaurent la délimitation symbolique. Ils exposent, à ce propos, les conventions théâtrales qui organisent le déroulement du jeu et les règles propres au fonctionnement d'un groupe thérapeutique, à savoir :

– Une présence régulière et la ponctualité. Dans le cas où un membre du groupe quitte le groupe, il lui est demandé d'annoncer son départ.

– Travailler dans *l'ici et maintenant*.

– Accepter la confrontation avec autrui.

– Respecter la liberté d'expression de l'autre.

– Parler à la première personne, en *je*, ce qui l'engage dans la parole, évitant les *on* globalisant l'individu dans des généralités protectrices.

– Se priver de toute gratification orale (rien à manger, rien à boire) sauf la parole.

– Ne pas émettre des jugements ou des interprétations sur le travail des autres participants, mais reconnaître que toute parole sur le jeu d'un participant est de l'ordre de la *projection, de l'identification, de l'introjection,* ou de tout autre mécanisme inconscient qui rejoint quelque chose de *mon histoire* dans celle du personnage : tous les stagiaires peuvent tout exprimer en acceptant la formule « *c'est ma projection de croire que tu... j'ai imaginé que tu... j'ai été touché par...* » Ainsi

chacun parle en son nom de ce qu'un jeu a évoqué pour lui, sans développement d'une interprétation sauvage.
- S'adresser directement à l'autre mieux que de parler de lui.
- Regarder celui à qui je m'adresse.
- Accepter d'être dépositaire des confidences des participants sans en faire écho à l'extérieur et hors du groupe : il s'agit d'une règle de *discrétion* qui protège les confidences de chacun.
- Accepter de ne pas entretenir des liens personnels, en dehors des séances, pour ne pas prolonger l'élaboration fantasmatique du groupe : cette règle *d'abstinence* évite que les quantités de libido libérées par la séance ne se réinvestissent immédiatement entre participants vers l'extérieur.
- Le non-passage à l'acte.

« Les thérapeutes (...) ont, dans le groupe, des fonctions fixes de fondation, d'institution. En effet, ils préexistent au groupe. En quoi consistent leurs fonctions ? Elles ont ceci de commun qu'elles ne varient pas au cours du développement du groupe. On peut même dire qu'elles constituent un pôle fixe par rapport à quoi le groupe peut bouger, évoluer sans se perdre. Ils constituent même les bornes réelles à l'intérieur desquelles et par rapport auxquelles le groupe imaginaire se constitue et se définit, et le jeu peut se déployer. Ils instituent la règle du jeu et en sont garants [15] ».

La cérémonie du thé

Chaque séance commence par les retrouvailles des membres du groupe après une période de séparation ou de suspension. Mais d'abord, il est temps de se retrouver soi, dans l'instant présent. A cette fin, le groupe ouvre le travail par la cérémonie du thé ou la rolde[16]. Cette cérémonie rituelle, solennelle, sacrée peut être associée évidemment à l'admirable cérémonie du thé japonais dans son « esthétisme, la pureté du décors, des gestes et des instruments ou encore dans le thé utilisé par les moines, adeptes du Zen, pour les tenir éveillés, et atténuer la rudesse des mœurs, de discipliner les passions et d'établir la paix, le thé est finalement le symbole de l'Essence à laquelle participe le Soi ; mais cette participation n'est pas vacuité dans le sommeil ; elle est veille intense et active dans le silence contemplatif[17]. »

Le *thé* est à la racine de notre *thé*-âtre, juste combinaison de contemplation et de chaleur.

En cet instant où la scène n'est pas encore sacralisée, le participant se recueille et se met en (dis)position sur l'espace théâtral. Il s'enracine dans son corps, agence sa verticalité, déploie son horizontalité et trouve à se situer entre *ciel et terre,* dans la dimension de l'espace. Tout participant « en place » peut, selon l'envie du moment, fermer les yeux, écouter sa « grande symphonie » ou son charivari intérieurs, faire taire ou accueillir le tumulte des sensations, regarder le groupe, et dire, en quelques mots, ce qui l'habite *ici et maintenant*. Cette mise à distance est aussi le temps de la réappropriation des émotions, de la libération de l'espace intérieur, de l'ouverture à un nouveau temps et un nouvel espace sacrés qui annoncent l'émergence de l'insu.

L'écoute est aussi attentive à tous les jaillissements corporels, bruits ou autres sensations de l'organisme : douleur, courbature, fatigue, gargouillement, sensation de faim ou de trop-plein ; cette écoute intelligente des sensations rassemble le corps et l'esprit autour du même axe.

Ce moment très intense d'écoute de soi incite à se mettre totalement en connexion avec l'instant présent. Les thérapeutes sont très attentifs à cette parole du moment qui, sans lier le passé ou l'avenir, traduit l'état émotionnel et physique du participant et du groupe. Ce contenu nous guide dans nos interventions et nous permet d'ajuster nos propositions de travail, nos thèmes ou nos canevas d'improvisation. Car la tentation est grande en effet de laisser émerger des pensées qui portent sur des événements vécus ou redoutés, et de les rationaliser ou de les interpréter. Ce qui compte, ce sont les sensations, les images dans l'instant présent. Le théâtre se passe toujours dans *l'ici et le maintenant*. L'acte silencieux nous (re)centre dans l'espace de la communication. Le long chant du silence est porteur du poids de la parole.

La rolde, rôle, vient de rota (roue), rotulus (parchemin -par chemin-), document qui contient les paroles (par-roles). Lorsqu'il y est fait recours, en lieu et place du thé, le groupe se met en cercle pour ouvrir et clore la séance. Ce cercle est source de confort par son absence de distinction. Personne n'est premier ni dernier. Les forces sont données dans l'unité et l'harmonie. Dans le cercle, celui qui dispose du bâton du Roi, s'annonce par un coup, parle de ses sensations de l'instant, termine par un nouveau coup et propose ensuite le bâton à un autre participant. Le cercle favorise la mise en mouvement corporel de la parole.

L'échauffement

L'échauffement a, au départ, une connotation sportive : il désigne cette pratique des athlètes qui consiste à entraîner leurs muscles, dans une préparation à l'effort, en vue d'une épreuve à remporter. Un sportif a besoin de s'échauffer sinon il risque de devoir endurer des crampes, voire même un déchirement musculaire.

Le théâtre n'est pas une épreuve sportive et l'échauffement qu'on y pratique n'a rien à voir avec un entraînement purement physique du corps. D'ailleurs la plupart des comédiens de «l'ancienne école» ne s'échauffent pas avant d'entrer en scène.

Cependant jouer demande une concentration, une vigilance, une attention de tous les instants à tout ce qui se passe autour et en soi, une mobilité de l'esprit (une souplesse), permettant de rendre l'expression avec un maximum d'efficacité (le corps et la voix sont les instruments de l'acteur, rappelons-le, et il importe d'en prendre soin).

Or, la vie courante et son cortège de petites habitudes ont tendance à restreindre la liberté du corps et de l'esprit en matière d'expression. Pour la plupart des gens, le corps, mais aussi le mental, se sont peu à peu «mécanisés», selon l'expression d'Augusto Boal.

Chaque être humain est en relation avec le monde qui l'entoure et avec lui-même par l'intermédiaire de ses sens. Mais les sensations perçues sont tellement innombrables qu'elles nécessitent d'être sélectionnées, ordonnées, hiérarchisées. Chaque activité humaine est une opération où intervient un jeu très complexe de sensations / réactions. Les sens captent une infinité d'informations selon un ordre de priorité, défini par l'action à accomplir. Le mental adapte alors les réactions en fonction de ces informations.

« Cette sélection aboutit à une mécanisation parce que les sens sélectionnent toujours de la même façon (...). Cela devient encore plus évident quand quelqu'un sort de son milieu habituel et visite une ville ou un pays inconnu : les personnes s'habillent de manière différente, parlent sur un autre rythme, les bruits, les couleurs ne sont pas les mêmes, les visages n'ont pas la même forme. Tout semble merveilleux, inattendu, fantastique. Mais au bout de quelques jours, les sens réapprennent à sélectionner et la routine recommence.

Imaginons ce qui se passe lorsqu'un Indien vient à la ville ou lorsqu'un habitant d'un grand centre urbain se perd dans la forêt. Pour l'Indien, les bruits de la forêt sont parfaitement naturels, ses sens sont habitués à les sélectionner ; il arrive à s'orienter grâce au bruit du vent dans les arbres, à la luminosité du soleil au travers du feuillage. Par contre, ce qui nous est naturel et routinier peut rendre fou l'Indien, incapable de sélectionner les sensations produites par une grande ville. La même chose nous arriverait si nous nous perdions dans la forêt vierge [18]. »

Comme tout être humain, l'acteur réagit en ayant recours à ces mécanismes. S'il veut pouvoir jouer un personnage subtilement, il doit pouvoir abandonner ses propres mécanismes. Sinon il risque de les transférer sur le personnage qui ne sera alors qu'une copie inintéressante de ce qu'il est lui-même. Pour cela, il doit s'engager dans un processus de « démécanisation ».

Bien sûr, on n'attend pas des participants à la théâtrothérapie qu'ils construisent des personnages avec la même rigueur que des acteurs professionnels. Cependant le processus de démécanisation est en lui-même source d'enrichissement personnel parce qu'il élargit le répertoire des attitudes et des comportements habituellement utilisés et de ce fait, accroît la liberté d'expression dans le jeu. L'échauffement, fondamentalement, est là pour lancer ce processus qui se poursuivra dans tous les jeux d'improvisation. Axé sur la mise en mouvement du corps et de l'esprit, il oriente le travail dans le sens d'une ouverture vers de nouvelles façons de bouger, de nouvelles attitudes, de nouvelles expressions. L'échauffement permet, à chaque participant, de se plonger dans un jeu collectif où il peut faire l'expérience d'une nouvelle liberté dans l'expression, buter, éventuellement contre des limites personnelles, qui se trouvent alors ainsi révélées, et élargir le champ de tous les possibles. Après un temps de neutralité, il peut se laisser habiter et oser dire, oser montrer, oser bouger, oser rencontrer, séduire, rejeter, oser prendre ou donner. En outre, par la mise en mouvement, le groupe se charge d'une énergie propice au développement des jeux dramatiques ultérieurs.

En général, l'échauffement se pratique dans toute la salle. La scène qui, conventionnellement, est limitée à un espace défini, s'ouvre alors et s'étend à la totalité du lieu.

Lors de la première séance, l'échauffement se fait suivant le processus d'apprentissage habituellement usité chez l'enfant, c'est-à-dire, par imitation : le thérapeute demande au groupe de le suivre dans ses pérégrinations théâtrales et d'imiter des personnages nés de sa fantaisie ;

l'autre thérapeute participe au jeu. Le thérapeute se compose différents personnages à travers diverses situations en monologuant ou en s'adressant aux autres, et chaque participant se met à l'imiter, copiant sa posture et ses mimiques, répétant ses phrases et reproduisant ses intonations. Les corps occupent l'espace, tantôt debout, tantôt couchés et le jeu, quelquefois doux et chuchoté, prend parfois de l'ampleur pour exploser sous le coup de la colère et de l'indignation, exploitant une large palette d'expressions et d'émotions.

Par cet échauffement tout le groupe est instantanément plongé dans le jeu théâtral.

La technique très simple de l'imitation permet à tous ceux qui n'ont jamais *fait du théâtre* de s'y confronter, sans se poser la question paralysante du « comment fait-on ? » De plus, cet échauffement est accompli collectivement, ce qui supprime le regard parfois gênant d'un public. Dès lors que tout le monde est dans le « même bain », le blocage d'une timidité envahissante est aisément épargné.

Voici un autre type d'échauffement qui se donne comme objectif de travailler sur la marche, le rythme, le regard et la voix : tout le monde se met à marcher dans la pièce au gré de son envie. Les parcours s'entrecroisent mais les participants veillent à ne pas se cogner. Un des thérapeutes donne des directives au fur et à mesure de la progression de l'exercice. Petit à petit, le groupe accélère le rythme, les participants sont très attentifs : il ne peut pas y avoir de collision.

Insensiblement, le rythme dans son accélération, devient commun à tous les participants. C'est le groupe qui se déplace dans son unité. Au signal du thérapeute, tout le groupe s'immobilise dans une position figée. Puis, tous se remettent en marche et enfin, s'immobilisent à nouveau. Le processus se reproduit plusieurs fois consécutivement.

Ainsi chacun peut expérimenter son aptitude à réagir immédiatement et éprouver la façon dont le corps vit le passage du mouvement extrême à l'immobilité totale.

Le groupe est arrêté dans sa progression. Puis, chacun, très lentement, continue à effectuer le mouvement amorcé. Les participants se trouvent ainsi confrontés à des problèmes d'équilibre et de maîtrise du corps en mouvement. Cette phase de l'exercice est répétée plusieurs fois.

Puis le thérapeute introduit le contact au niveau du regard. Chaque participant « accroche » un autre regard. Les yeux ne se quittent plus, tandis que les personnes continuent à se déplacer. Au départ le thérapeute demande à tous de s'en tenir à un simple contact visuel : le regard est le plus neutre possible. Puis, à l'impulsion du thérapeute, chacun choisit d'exprimer quelque chose par le regard. Nous avons alors affaire à des regards signifiants, mais les mots ne sont pas encore là. Ces derniers interviennent dans la phase suivante de l'exercice qui consiste à adresser une phrase à une personne qu'on fixe. L'exercice poursuit cette expérimentation par le suivi d'une phrase qui en donne le sens.

Le thérapeute propose alors de travailler plus particulièrement la voix en la mettant en connexion avec un mouvement corporel.

Le groupe marche calmement. Tout le monde s'immobilise. Chaque participant prend une grande inspiration, à son rythme et suivant sa capacité respiratoire, puis expire, en laissant le corps suivre un mouvement vers le bas, accompagné d'un son. Le groupe travaille encore quelques sons avec des directions corporelles différentes. Cet exercice montre très clairement la façon dont chacun peut lutter contre la mécanisation de ses mouvements. Partant d'un mouvement du corps tout entier, que tout le monde connaît et pratique, sans y penser, dans la vie courante, à savoir, la marche. L'exercice amène chaque participant à expérimenter consciemment les changements de rythmes et le passage du mouvement à l'immobilité. De la même façon, alors que dans la vie la plupart des gens utilisent leur voix sans y faire attention, l'exercice replace cette voix dans une relation consciente avec la respiration et l'attitude corporelle. Les participants peuvent ainsi se rendre compte que la voix s'appuie sur le corps et que cette assise corporelle est fondement pour la qualité du son proféré.

L'exercice met également l'accent sur l'importance du regard et de tout ce que chacun peut y faire passer. Dans la vie quotidienne, le contact commence avec la rencontre des regards. Sur scène également, le jeu intervient déjà dans le regard qui précède la parole. La qualité du regard est très importante. Certains regards sont vides et n'appellent que le désintérêt. D'autres sont déjà comme la promesse d'une rencontre riche. Certains yeux font peur, d'autres sont lumineux, fascinent et attirent.

C'est tout cet univers de la rencontre, du mouvement des corps dans l'espace et de la voix que l'échauffement présenté ici permet d'aborder. Les exercices d'échauffement sont multiples et peuvent varier suivant des formes très diversifiées mais leur but commun est toujours de mettre le corps en mouvement et de développer les potentialités de la voix, afin de développer au sein du groupe, une énergie positive qui soutiendra les jeux ultérieurs, et de donner à chaque participant l'opportunité d'expérimenter de nouvelles façons de s'exprimer pour ensuite, par les exercices de théâtre, exprimer quelque chose de soi.

Des exercices de théâtre

> La plupart des exercices ont été observés de notre travail, et relatés par Anne BALLEGEER dans son mémoire de licence en journalisme.[19]

Après l'échauffement viennent les exercices plus théâtraux : le jeu masqué, l'improvisation et l'interprétation. Ces exercices suivent la façon dont le groupe évolue. Ils tiennent compte du déroulement des séances antérieures et des réactions individuelles qui y sont apparues. Ils incitent à approfondir certains problèmes qui se sont révélés, invitent les participants à retravailler le matériau d'une autre manière ou engagent le groupe sur de nouvelles voies de recherche. Lorsque les thérapeutes proposent un exercice, chaque personne a le choix d'y participer ou non. Cette attitude peut déjà faire l'objet d'un travail thérapeutique.

Participer à un exercice implique de la part des participants de monter sur la scène et de s'exposer au regard du public. Cette démarche ne va pas sans difficulté : il faut un certain courage pour accepter de jouer le jeu puisqu'on sait que ce jeu n'est jamais anodin et qu'il nous dévoilera quelque chose de soi à notre insu. Monter sur scène nécessite de mettre de côté ses appréhensions et de s'engager sur le chemin de la découverte en vivant pleinement le moment présent. La façon dont les participants prennent ou non l'initiative de monter sur scène est très révélatrice de la dynamique qui s'instaure au sein du groupe : on y voit se dessiner des rapports qui peuvent être représentatifs de la manière dont les participants vivent leur relation dans la vie quotidienne. Certains se démarquent comme meneurs, prenant part activement au jeu, alors que d'autres adoptent une attitude orientée sur la tendance à suivre les propositions d'autrui.

Les thérapeutes, attentifs à toute cette dynamique du groupe, mettent en évidence les attitudes afin qu'aucun participant ne se retrouve isolé par crainte de prendre des initiatives personnelles. L'accent est mis dans les analyses verbales sur les sensations, les pensées et le vécu personnel à ce propos.

Les exercices sont généralement ouverts, c'est-à-dire qu'ils laissent une large place de liberté aux participants. La théâtrothérapie est une méthode qui, dans son approche peu directive, laisse une grande place à la créativité personnelle. Canaliser plus l'expression (en donnant des indications concernant la façon de jouer) produirait peut-être de meilleurs résultats sur le plan de l'efficacité du jeu dramatique, mais présenterait l'inconvénient majeur d'annihiler le caractère personnel de l'expression théâtrale. Il ne s'agit pas de suivre un modèle mais d'être à l'écoute de soi, de quelque chose de soi et de le laisser émerger.

LE MONOLOGUE COLLECTIF

Le premier exercice que je propose, en général, avec un tout nouveau groupe, revêt un caractère surprenant et parfois un peu délirant. Les participants sont invités à s'installer dans la pièce, recherchant à localiser un espace, leur espace qui sera investi de choses, de tissus, de jeux, de matières, et surtout d'eux-mêmes.

Il s'agit d'habiter ce lieu qui est, à l'instant, sans aucune correspondance avec les autres lieux, ni communication. Les joueurs sont dans un « chez eux » qu'ils ont créé, meublé, décoré, occupé comme bon il leur semble, et dans le confort qui est le leur. Le lieu est protégé, circonscrit, les limites marquent le cadre de la propriété, évitant ainsi des assauts intempestifs. Le thérapeute signale, par ailleurs, que le premier temps de l'exercice invite les participants à créer ce lieu, sans danger d'invasion ou de curiosité intempestive. Chacun est en sécurité.

Ce lieu habité est dynamisé par l'activité ou le repos de l'occupant, et nous pouvons entendre alors naître dans les divers espaces de vie, des jaillissements de sons, des cris et des chuchotements, des monologues auxquels nul ne répond, des *monologues collectifs*; tout comme le jeune enfant qui parle tout seul et à voix haute, sans cesse, pendant toutes ses activités mais par jeu, par une sorte d'incontinence et d'impuissance à canaliser le flot d'un langage. Mais jusque-là quand il s'adresse à d'autres enfants, l'enfant ne parle pas pour s'adresser à eux, il n'a aucun souci de ses interlocuteurs, la preuve en est d'ailleurs que s'il pose des questions, il n'attend pas la réponse. L'enfant parle tout seul, sans nécessité de l'altérité, et ce soliloque constitue un temps très important de sa parole. Des parents y voient d'ailleurs un signe de désobéissance ou de distraction. Le psychologue russe Lev Vygotsky a montré, le premier, l'importance du soliloque : « Le moment le plus important du développement intellectuel, note Vygotsky,[20] intervient lorsque le langage et l'activité convergent, alors que leurs développements étaient indépendants. » Contrairement à Piaget, « il ne croit pas que la communication sociale remplace le discours égocentrique. La communication orale précoce conduirait plus rapidement au soliloque : la communication sociale est à l'origine de toutes les fonctions mentales supérieures, propres à l'homme. En communiquant avec les adultes, l'enfant devient capable de nouvelles activités et structure sa pensée conformément à sa culture. A mesure que l'enfant apprend à se maîtriser, son soliloque s'amenuise. Dans les situations qu'il connaît, il omet des mots ou des phrases qui se réfèrent aux aspects qu'il maîtrise. Il ne parle que de ce qui le trouble encore. Dès que les opérations cognitives se font correctement, l'enfant pense les mots plutôt qu'il ne les dit.

Progressivement le soliloque s'intériorise et devient silencieux ; c'est le dialogue conscient que nous tenons avec nous-mêmes lorsque nous pensons ou lorsque nous agissons. Le recours au soliloque ne disparaît toutefois jamais [21]. »

Ainsi revêt-il tout son sens dans cet exercice qui ouvre l'espace à la rencontre, la sienne d'abord, l'autre, puis les autres, ensuite.

Après un signal, les participants sortiront prudemment de leur tanière prenant ainsi conscience que leur espace n'est pas isolé et que d'autres lieux sont occupés. Le danger est alors manifeste, chacun se protège de la rencontre. D'autres progressivement instaurent l'apprentissage de la rencontre par la séduction ou la répulsion, mais point d'indifférence. L'autre est perçu comme sujet hostile ou complice : le jeu, la bataille, l'invite, le rejet concourent à nouer des liens, à les refuser, à les défaire. Le couple se lie. Puis un tiers peut apparaître et donner forme au triangle. Les rôles de persécuteur, sauveteur et victime s'entrecroisent et s'interchangent. Le jeu se théâtralise, les alliances se font et se défont, la dramatique se déploie, la scène s'approprie tous les espaces, et enfin, le groupe célèbre dans une fête commune son existence. Les participants ont été initiés à la collectivisation de l'acte théâtral.

La verbalisation qui suit cet exercice évoque pour les participants des souvenirs de leurs premiers jeux de l'enfance, de leur individualité ou de la nécessité d'être comblé de la présence de l'autre pour vivre, pour exister. Parfois des participants restent dans l'isolement, absents du groupe, absents au groupe ; chronique d'une solitude annoncée.

LE JEU DU MASQUE

Le masque est une face perdue qui prive l'auteur d'une part visible de lui tout en lui donnant accès à son indivisible, son invincible, sa face cachée : *croûte* qui dissimule le visible de l'indicible. Le visage est le lieu du corps sur lequel s'inscrivent, sans mensonge et dans l'instant les émotions et les pensées de l'homme ; le visage est pour l'autre, la silencieuse parole. Destiné à cacher et à se montrer, le masque est *le voir* et la *cécité* de l'autre regard ; s'il change le visage de l'acteur, il ré-envisage une dimension humaine transcendée : en lui, s'activent les forces archaïques, magiques ou mythiques, signes manifestés de la charge envahie de l'inconscient, du subconscient et de l'inconscient collectif.

« Dès que l'on *chausse* le masque, le fantastique apparaît. La perception se modifie selon l'inclinaison des vertèbres, tout le corps devient visage et sensibilité. Au lieu de regarder avec les yeux, on regarde avec les deux seins. On respire avec le nombril, le ventre ; les bras aux mains déployées tiennent lieu d'oreilles, les genoux deviennent mâchoires, et qu'est-ce que le sexe, sinon, une bouche ? L'homme masqué redevient un être biologique, il régresse au stade où les sexes sont encore indifférenciés. Le corps intervenant, le visage tranquillisé exprime moins, un voile psychique se répand sur lui. (...) Porter le visage d'un autre nous incite à nous dépasser[22]. » Ou à nous rejoindre ?

Le masque peut amener une révélation de soi à son créateur. « L'objet masque devient le "récipient", le contenant des forces qu'on sent intuitivement exister... mais qui échappent à notre perception quotidienne. Dans le masque est concentré le désir de son créateur. Détaché de son créateur, devenu objet, stimulus externe, signe, le masque peut avoir une action catalytique, permettant la pénétration des images archétypales, maintenant arrivées au niveau subconscient et peut-être conscient[23]. »

Il est présenté par les théâtrothérapeutes sept masques neutres placés au centre de la scène.

Le thérapeute fait, pour commencer, un bref exposé sur le caractère sacré du masque, sur la manière de le chausser et de le montrer au « public ». Après cette rapide présentation du masque, le thérapeute explique le fonctionnement du jeu et demande aux participants d'exprimer corporellement ce qu'ils ressentent à l'aide du port du masque.

Chaque membre du groupe, à tour de rôle, se met en scène, choisit un des masques posés à terre, le chausse dos au « public » et dispose de quelques secondes pour élaborer ce qu'il va présenter. Chacun des participants exécute l'exercice sans la moindre résistance. Suivant la gesticulation du corps propre à chacun, le masque affiche des expressions très différentes d'un masque à l'autre alors qu'ils sont semblables.

La façon donc de se mouvoir est liée au masque qui offre une image unique, spécifique à l'individu. Des lectures différentes sont ainsi possibles à partir de masques similaires. Il a ensuite été proposé d'exprimer le lever du soleil, toujours avec le port du masque et les résultats ont été dans le même sens. Les mêmes masques renvoyaient des images expressives très diverses et semblaient correspondre au caractère des participants. Le masque dérange et plonge l'acteur et le spectateur dans l'acte théâtral authentique : la rencontre, la lutte, l'union de la terre et du ciel ; il est la voie d'accès au sacré et redonne présence au corps absent. Plus tard, dans d'autres instants de la théâtrothérapie, le masque sera créé dans la matière par les participants, donnant accès à cette part intime de soi, de ses conflits internes, de ses émotions. Le masque devient alors *le* personnage, enveloppe totale, il rend possible une liberté expressive et suscite, chez le spectateur, la reconnaissance (et non l'identification) de quelque chose de son semblable. Le port du masque modifie la corporalité et la respiration : la voix et la pose corporelle sont agies et portées par le masque. Par les retrouvailles avec le corps et la matière, le comédien atteint des sommets de la vie de l'esprit et lorsqu'il trouve son masque, il peut se laisser posséder par son personnage ; il est sans voix, la respiration se modifie, son visage qui transmet tout le temps quelque chose s'efface. Le corps entier, soudain libéré, déconnecté du mental, ouvert et rempli d'une énergie libérée vers l'excès, devient masque ; sa provocation a la force d'un événement de la nature : par son regard impitoyable et dans un rapport frontal au public (le masque doit se donner), il oblige à la rencontre ne laissant quiconque se dérober.

LE MIROIR CASSÉ[24]

Vous entrez dans une chambre qui n'est pas la vôtre. Ça peut être celle de votre frère, d'une sœur ou d'une amie, peu importe, pourvu qu'il s'agisse d'une personne que vous connaissez bien. La chambre est vide. En jetant un regard à droite et à gauche, vous apercevez un miroir, couché sur un meuble. Vous le reconnaissez, c'est le miroir que le ou la propriétaire de la chambre rêvait d'avoir depuis longtemps. C'est un objet d'une grande rareté. La glace est si vieille que l'étain en est écaillé. Le cadre qui l'entoure est de bois doré entièrement sculpté à la main. Il peut être de forme ovale, ou carrée, ou rectangulaire. Comme vous n'avez rien à faire, vous décidez de vous rendre utile en fixant la glace au mur. Vous trouvez sur place un marteau et des clous. Le miroir est déjà muni d'une ficelle au dos, ce qui vous permettra de l'accrocher plus aisément. Vous choisissez l'endroit idéal pour suspendre l'objet puis face au public pour que tout le monde voie bien les gestes que vous accomplissez, vous vérifiez la solidité du crochet ou du clou, vous y installez le miroir, jetez en passant un coup d'œil au reflet de votre personne (appréciations diverses : vous pouvez vous trouver moche comme vous pouvez être très satisfait(e) de l'image que vous projetez). Quelques secondes s'écoulent et, tout à coup, le malheur se produit. La catastrophe. Le miroir tombe et se casse. Vous pouvez le « voir » tomber comme vous pouvez l'« entendre » se briser, selon que l'accident se produira au moment où vous vous mirez dans la glace ou quand vous quitterez la pièce. Ce qu'il faut, dans un cas comme dans l'autre, c'est percevoir la chute, constater le bris du miroir, prendre conscience de la gravité du méfait. La réaction finale est facultative.

LE JEU CORPOREL ET SONORE

Le thérapeute propose qu'un participant, seul pour commencer, s'invente un scénario et le présente corporellement au public de sorte qu'on le comprenne sans le verbaliser. Ensuite, un autre participant, qui se sent appelé, fécondé par le jeu de l'acteur, le rejoint et entame une « discussion » à l'aide de regards, de gestes, de mimiques et de sons. Il faut bien sûr un temps d'adaptation à la situation de manière à ce que le deuxième protagoniste puisse s'installer dans le jeu déjà établi par son partenaire. Un troisième participant peut également se joindre au duo, mais l'exercice se complique. Le but recherché, l'articulation sans la verbalisation, génère, autant qu'elle suppose, une profonde écoute dans cette forme de *silence*. Bien sûr, le ton utilisé pour les sons peut guider l'orientation du jeu. Il a été constaté, lors de l'exercice, que les participants n'arrivaient pas toujours à se comprendre dans cette écoute peu habituelle et toute attentive cependant. L'apprentissage de l'écoute de l'autre n'ignore pas la préalable perception de son écoute première dans le tumulte de nos dissonances internes.

LE TABOURET VIDE

On place un tabouret vide sur la scène. Le participant est tenu de choisir un des deux thérapeutes pour l'occuper. Le protagoniste substitue à l'un ou à l'autre des thérapeutes un personnage réel ou fictif (il est plus souvent fait référence à un personnage réel qui il s'adresse) en faisant ressortir un sentiment le concernant (qu'il prend soin de laisser passer au « public », afin que ce dernier découvre le sentiment souhaité par le protagoniste). Nous pouvons noter que, dans un premier temps, le ou la thérapeute retenu(e) ne peut en aucune mesure parler et doit rester impassible en « absorbant » les paroles et les tensions éventuelles de l'acteur, ne donnant donc rien en retour. Ce jeu peut être vécu avec beaucoup de difficultés pour le participant qui revit une scène chargée d'émotion dont la réverbération assourdit les propos. Dans un deuxième temps, le thérapeute fait écho au monologue du protagoniste qui, par effet de miroir, renoue une parole à distance en réponse à l'assaut verbal dont il est l'auteur. La verbalisation nomme la difficulté et restaure l'intensité émotionnelle.

L'ÉVASION DANS L'IMAGINAIRE

Les thérapeutes proposent aux participants de partir explorer leur imaginaire sur l'écoute d'une musique cristalline et fluide. Il est laissé aux membres du groupe de se placer dans une position confortable afin de mieux se laisser induire par la musique et s'en imprégner. Le rêve se concrétise alors, et il est proposé, à la fin du morceau, de former deux groupes de trois dans lesquels les thérapeutes sont présents. A l'intérieur des groupes, les trois rêves sont confrontés pour tenter d'en faire une matrice commune (tout en respectant les songes de chacun).

Lorsque les deux groupes sont prêts dans leur élaboration, les saynètes sont présentées à l'un et l'autre groupe.

Michèle a changé plusieurs fois son rêve lors de la mise au point du scénario final. Il lui semblait décousu avec une complexité de personnages trop grande. Au moment de l'action, elle dit : « dois-je parler comme cela ou comme cela ? » donnant l'impression de n'être pas déjà impliquée dans son histoire. Au cours de l'exercice, elle est sortie du jeu (s'est mise hors jeu) et l'a cassé en prenant la fuite.

Michèle n'est manifestement pas entrée dans la peau de son personnage ni dans la situation. Elle paraît incapable de se distancer du réel et ne peut de ce fait pénétrer dans l'imaginaire. Elle se dit très réaliste et ne laisse donc aucune place à l'imagination, à la fantaisie et se cantonne toujours dans des pensées rationnelles, fort « terre-à-terre » et n'est donc pas en mesure de concrétiser un rêve qui peut lui paraître incohérent, impossible parce qu'inexistant. Elle affirme d'ailleurs que son rêve n'en est pas un, qu'elle s'est « creusée la tête » pour trouver un récit à conter.

LES « CARACTÈRES »

Le jeu consiste à choisir un des traits de son caractère pour le représenter sur scène en le caricaturant, soit dans le sens du trait choisi, soit dans le sens contraire. Le scénario à improviser se joue à deux ou à trois. *Patrick* décide de jouer « l'angoissé » alors qu'il se sent amoureux en cette période, et donc estime qu'il présente un sentiment contraire à celui qu'il vit présentement.

Le scénario se déroule dans une boîte de nuit, plus précisément au bar. *Patrick* s'y assied et ne dit rien. Il attend que quelque chose se passe. C'est alors que le barman entame la conversation en lui demandant comment il se porte. C'est seulement après cette prise d'initiative d'autrui qu'il confie ses problèmes au barman qui connaît la rengaine depuis trois ans déjà. Quelque peu saturé, le barman dit : « sois optimiste, bouge, réagis, fais quelque chose ! » Mais il parait sans réaction et semble plutôt déprimé qu'angoissé. Il donne l'image d'un homme abattu, de quelqu'un sans ressource aucune et sans volonté pour briser ce cercle vicieux dans lequel il est tombé à force de ressasser le même problème.

Son état de déprime sur scène semble trouver une correspondance dans la réalité. Etant donné qu'il ne s'engage que très rarement à prendre l'initiative, les autres participants finissent par le cantonner dans un rôle d'écoute — si écoute il y a — et parle, de ce fait très peu de lui-même sauf à de rares occasions.

Angélique choisit d'être « déprimée » et nous révèle que cet état va dans le sens de ce qu'elle vit réellement. Elle est la troisième protagoniste qui rejoint les deux autres déjà installés sur scène et arrive au moment où le barman, saturé, réagit. *Angélique*, dans son rôle habituel de « sauveur » le défend et taxe le barman de « bonne femme sans cœur ». Voilà qu'elle change d'orientation abandonnant son rôle de « déprimée ». Elle s'est laissée émouvoir par la situation (triste) de *Patrick* et s'est placée naturellement dans un rôle qui semblait lui convenir.

Angélique se détache de sa déprime qu'elle connaît bien pour verser dans le rôle du sauveur. Ces deux façons d'être au monde font partie de son « répertoire » de rôles et ne s'éloigne donc pas de sa vie réelle.

LE DOUBLE

Il est demandé à *Patrick* d'entrer en scène et de s'y installer. Un deuxième protagoniste le rejoint.

Le but de l'exercice étant d'amener *Patrick* à engager la conversation avec ce dernier. Mais « rien ne se passe » et *Angélique*, troisième protagoniste, s'impose alors et la communication s'établit entre elle et *Patrick*. En réalité, c'est *Angélique* qui soutient le dialogue et *Patrick* semble être absent et ne donne donc pas l'impression d'écouter ; le récit stagne.

Alors, un thérapeute intervient dans leur jeu, joue la voix de la conscience de *Patrick* en disant :

« Tu m'ennuies, qu'est-ce qu'elle peut parler alors, je n'attends qu'une chose, c'est qu'elle parte et me fiche la paix ».

Il double en quelque sorte *Patrick* (derrière le panneau de la scène qui peut servir de coulisse), il est son alter ego, son « autre moi » et exprime à haute voix les sentiments qu'il ressent chez *Patrick* ou qu'il devine et que le protagoniste n'exprime pas par timidité, inhibition, politesse... ou parce qu'il n'a pas conscience de les ressentir ou ne saurait les formuler. Le rôle du double est à la fois d'actualiser et de faire venir à la conscience du protagoniste des sentiments préconscients et d'aider le thérapeute à orienter, au besoin, le protagoniste dans une certaine voie qui lui paraît utile pour ouvrir l'espace du jeu dramatique et stimuler la créativité.

LA MAUVAISE NOUVELLE AU TÉLÉPHONE[25]

Vous vous adonnez à une occupation quelconque. Au bout d'un moment, le téléphone sonne ; vous vous sentez plus ou moins dérangé dans votre travail. Vous répondez finalement et reconnaissez la voix d'un ou d'une camarade. Vous entretenez la conversation avec votre interlocuteur ou votre interlocutrice imaginaire jusqu'à ce que vous remarquiez que cette personne n'a pas tout à fait la même voix que d'habitude ; elle semble préoccupée, hésitante, voire inquiète ou bizarre.

Vous l'interrogez sur ce qui ne va pas et elle finit par vous annoncer une mauvaise nouvelle qui peut ou non vous concerner autant qu'elle.

Réaction : poussée d'adrénaline, choc plus ou moins prolongé qui aboutit à une explosion verbale : « Ah ! Non ! »

Ce « Ah ! Non ! » est la seule phrase imposée dans l'exercice, mais il faut la dire. Elle doit traduire le degré d'intensité du sentiment éprouvé à l'annonce de la mauvaise nouvelle. Une fois l'exercice terminé, il s'agit de l'analyser en groupe. Chacun donne ses impressions, dit ce qu'il a perçu, révèle ce qu'il a imaginé comme mauvaise nouvelle, compte tenu de l'importance de la réaction culminante du sujet.

L'APARTÉ

Des chaises sont placées au centre de la scène, chaque participant un à un s'y installe dans la peau du personnage construit et dans le cadre choisi.

Lorsque tous les membres du groupe sont au complet, les « vacanciers » se présentent. Ensuite, il est demandé aux participants de penser à haute voix (ce que normalement nous penserions tout bas) l'appréciation qu'ils font de chacun des personnages présentés sur scène. En principe, les autres partenaires « n'entendent pas » ces apartés et n'en tiennent pas compte, mais ils peuvent les percevoir et le jeu peut s'en ressentir. De cette façon, le groupe est ainsi mis au courant de ce qui se passe réellement dans les relations qui existent au sein des membres. L'exercice a montré que *Michèle* se cantonne toujours dans le même rôle et exprime son incapacité à se mouler dans un autre rôle que celui de responsable, de sauveur et ne semble pas éprouver de difficulté à apprécier les autres personnages ; *Patrick* communique très peu et paraît chercher ses mots pour dire ce qu'il pense des autres personnages ; *Philippe* a l'air d'être ailleurs et semble assez critique dans sa perception des autres personnages.

LE RENVERSEMENT DES RÔLES

Deux tabourets sont placés sur scène et le protagoniste s'exprime à haute voix sur ce qui vient de s'être déroulé. Il doit occuper le premier tabouret, se lever ensuite vers le deuxième tabouret pour y rencontrer sa conscience, sa « deuxième voix » (intérieure). Il y a donc un va-et-vient entre lui et sa conscience, entre le premier tabouret et le second (sa « conscience » lui dit par exemple : « tu ne penses pas que tu t'es laissé écraser par l'avis des autres, toi qui voulais réaliser le spectacle ? ». Il s'avance alors vers le deuxième tabouret pour répondre à sa propre question).

Pour ce type d'exercice, il est bien sûr nécessaire de se mettre à la place de l'autre, d'en tenir compte pour être à même de se répondre.

Le participant tente donc « d'être » autrui, de l'incarner. Ce renversement permet de voir de l'intérieur la réalité de l'Autre et de la confronter avec ce que l'on pensait avant, à sa place à soi ; il initie au jeu avec un autre personnage.

LA SITUATION PROFESSIONNELLE

Le thérapeute demande à *Philippe* et à *Patrick* de mettre en situation une scène où *Philippe* serait l'employeur d'une entreprise et *Patrick* son employé, qui aurait commis une grave erreur faisant perdre à la société 200 000 €.

Philippe utilise un ton autoritaire, rabroue *Patrick* et l'écrase avec fermeté. Il ne le laisse pas s'expliquer et le congédie. On recommence la scène et *Patrick* se laisse à nouveau « démolir » par son employeur, incapable d'argumenter quoi que ce soit pour justifier sa faute. Ensuite, on inverse la situation, *Patrick* prend le rôle de l'employeur et *Philippe* celui d'employé. Les résultats restent inchangés. *Philippe* prend le dessus, parvient à justifier son erreur sur un ton plein d'assurance et d'arrogance, et *Patrick* reste bouche bée. Après quelques interventions du public pour qu'il se mette en colère, *Patrick* hausse la voix mais ne persuade pas, incapable d'affirmer sa position. Le blocage de *Patrick*, son impuissance à réagir en s'affirmant feront l'objet d'une étude et d'une analyse au sein du groupe. D'autres exercices lui seront proposés dans le sens de son problème pour qu'il parvienne à modifier ses comportements inadéquats.

Il s'agit donc de la rééducation des rôles sociaux par l'apprentissage et la modification de ceux-ci de façon à pouvoir s'adapter en permanence. Le groupe se trouve être le milieu et le moyen d'une rééducation qui conduit à la redécouverte de la spontanéité.

Enfin, il apparaît essentiel, pour que la communication entre les participants se déroule dans un contexte positif, que chacun puisse s'exprimer devant les autres et accepte ce regard qui se pose sur lui.

Dans le cas qui nous occupe, la communication au sein du groupe s'effectue à partir de l'expression verbale et corporelle de ses affects dans des jeux qui sont suivis de réflexions quant à leurs représentations et significations.

S'accepter tel que l'on est et avoir une meilleure image de soi-même contribue sans nul doute à un meilleur contrôle et permet de mieux faire face aux réactions des autres par l'image qu'ils nous renvoient. La valorisation qui peut ainsi être apportée par les membres du groupe renforce le sentiment d'utilité et la confiance en soi.

Au fil du temps, l'individu va devoir acquérir une certaine indépendance et s'affirmer afin de se détacher progressivement de la relation sécurisante qu'il entretient avec le thérapeute. Son affirmation lors des divers exercices est une manière de se « jeter » à l'eau et de s'exprimer tant au niveau des ses affects qu'au niveau de son corps.

Enfin, la créativité proposée dans chacun des exercices permet à l'individu de s'exprimer, de s'épanouir, de se mettre en valeur par la réalisation de soi.

« *Si dans le théâtre, la pièce se termine lorsque le rideau tombe, ici, la vie en perpétuelle représentation continue son cheminement dans les coulisses de l'existence*[26]. »

LA RENCONTRE

Les thérapeutes plantent le décor. Un paravent sépare deux lieux distincts, dans chacun, ils placent, un tabouret. Sur ce tabouret, un journal sert à mettre en route l'improvisation et la focalisation sur une action physique. Le but est de travailler sur la manière dont les gens entrent en communication.

Le principe de départ est le suivant : deux personnes qui ne se connaissent pas vont entrer dans ces lieux en venant des coulisses latérales et commencer par prendre le temps de les découvrir, chacun de leur côté.

Les journaux situés sur les chaises peuvent être une première occasion de jeu, un premier prétexte à la rencontre ou à son refus. Il est bien entendu qu'il ne s'agit pas d'une obligation d'action : chaque participant a le choix d'utiliser ou non l'accessoire, avec toute la créativité et l'immédiateté de l'instant.

Dans la pratique, on constate que, très naturellement, les participants se raccrochent à l'utilisation de cet accessoire pour ne pas se retrouver « à ne rien faire ». Comme si ne rien faire n'était pas faire le rien ou faire avec le rien, c'est-à-dire, le tout. Cette attitude met en évidence un phénomène bien connu de notre société : l'être humain se réfugie très facilement dans l'action, dans une exigence de rentabilité et ne se laisse pas souvent aller à la simple faculté d'être là, tout simplement. Etre là, avec ce rien, qui habite le personnage dans le tout de son intériorité. L'efficacité du geste, du mot conduit à la production de l'effet qui justifie ou indique au spectateur, mais surtout à l'acteur, la raison d'être de son (in)action. Le « rien faire » est l'énergie qui porte l'action, il est l'action.

L'étape suivante de l'exercice consiste à progressivement se rendre compte de la présence d'un autre personnage dans le lieu voisin et de tenter d'entrer en communication. Mais cette rencontre ne peut exister, et nous l'avons déjà dit, que lorsque chacun existe d'abord pour lui-même, dans son être, son corps, son intériorité, dans la vérité de l'instant de son personnage. La suprématie de l'individu, en théâtre, suscite l'altérité du jeu de deux personnages, bien dans leur histoire. Si chacun des personnages existe pleinement par et pour lui-même, le retrait de l'autre ne met pas en danger la dramatisation du jeu ; celui qui est abandonné par l'autre sur scène peut jouer en plein, puisqu'il existait déjà, en deçà de la rencontre fortuite. C'est bien une pédagogie de la communication et de la création du couple.

Le jeu de l'improvisation se construit à deux : le jeu se poursuit suivant les propositions de l'une ou l'autre des personnes. A la fin de l'exercice (qui est parfois signalée par les thérapeutes lorsque le jeu tend à s'éterniser), la scène doit trouver une conclusion.

La « palissade » qui sépare les lieux, en occultant la présence visible des personnes, développe la mise en évidence de tout un univers sonore. Un froissement de journal, un glissement de tissu sur le tabouret, un raclement de gorge, un bruit de pas, prennent des proportions insoupçonnées. Ils canalisent complètement l'attention et la concentration des personnes sur scène et du public dans la salle. Les corps sont orientés vers ce premier dialogue. Les bruits, les murmures, les soupirs sont les préludes du verbe. Certains participants ont tout de suite mis ce processus à profit pour un véritable jeu de questions — réponses uniquement sonores.

Dans notre vie quotidienne, nous sommes en permanence baignés dans un univers sonore auquel nous ne prenons pas garde. Un des aspects essentiels de cet exercice de la rencontre est de sensibiliser les participants à une nouvelle écoute de l'environnement. Ainsi les sons prennent une autre ampleur lorsqu'ils sont tout entiers soulignés, portés par des moments de vrai silence.

Il est particulièrement significatif de remarquer que la plupart de nos entrées en communication sont essentiellement centrées sur une demande, qui est très souvent anecdotique. L'homme se réfugie très rapidement dans la banalité des questions anodines, qui n'engagent pas vraiment sur le plan personnel. Le plus surprenant est qu'il se sert de ce moyen superficiel pour rencontrer l'autre. Mais comment peut-on rencontrer quelqu'un sans s'investir vraiment, en tant que personne, dans une relation ? Au fil du jeu se précisent les personnages, leurs objectifs (ce qu'ils sont venus faire là), le lieu dans lequel ils se trouvent et la tournure que prennent leurs rapports.

Après cet exercice, les thérapeutes font le point et introduisent le temps de parole sur lequel nous reviendrons ultérieurement.

Pour l'exercice exposé ici, la verbalisation permettra surtout de mettre en lumière les difficultés de chaque participant à entrer dans le jeu, la façon dont les partenaires s'écoutent, le sentiment de construire le jeu ensemble ou séparément (sentiment d'être soutenu ou non par l'autre, dans le jeu), les prises de pouvoir, les personnalités fortes ou faibles des protagonistes (tendance à prendre des initiatives, à proposer ou plutôt à suivre), la difficulté à faire correspondre ce que l'on a envie d'exprimer et ce qui passe réellement auprès du public.

LA LETTRE

Les thérapeutes plantent un décor qui représente la pièce d'un appartement privé : quelques chaises, une table, une poubelle, un paravent dans le fond délimitant une autre pièce (la cuisine, la chambre, ...

selon le choix des protagonistes). Comme accessoire principal, les thérapeutes placent dans le décor une enveloppe contenant une lettre. Le choix du contenu de cette lettre incombera aux participants lors du jeu. Cette improvisation s'effectue individuellement. Chaque participant rentre en scène et joue un personnage de retour chez lui.

La directive principale qui est donnée pour cette improvisation, est de construire, dans un premier temps, un jeu qui fasse totalement abstraction de l'existence de cette lettre placée quelque part dans le décor. Puis, le personnage suggère qu'il a vu la lettre sans encore y prêter l'attention ; elle est inscrite dans son champ de perception. Enfin, la lettre devient l'objet de la nouvelle dramatique qui va impulser tout le jeu.

Chaque participant imagine l'endroit d'où il vient et l'activité qu'il y occupait (certains jouent un retour après une journée de travail, d'autres rentrent chez eux les bras chargés de courses qu'ils viennent de faire, ...). Après l'entrée dans l'appartement, chaque personne développe un jeu axé sur des activités physiques.

Il est amusant de constater que, dans la majorité des improvisations, les personnages commencent par faire du rangement. Cette tendance très marquée à se servir de l'ordre pour construire une « occupation » théâtrale est, à notre sens, très significative du sentiment de désarroi qui s'empare de la majorité des participants lorsqu'ils se retrouvent sur scène devant le regard attentif du public.

Ce regard, qui pourrait être qualifié au théâtre « d'intrusif », place la plupart dans un état d'instabilité, où la grande question du « quoi faire ? » surgit avec force. La majorité des gens regardent autour d'eux, cherchant désespérément une idée (de quelque chose à faire) et tant qu'à « faire », se mettent à bouger des éléments du décor pour ranger la pièce (qui dit qu'elle était en désordre ?). Or tous s'accorderont facilement, en tant que public, pour dire que le rangement n'est pas une action très intéressante sur le plan dramatique et que, heureusement d'ailleurs, la plupart des pièces mettent en scène des personnes autres que des « maniaques de l'ordre ».

Après cette occupation, durant la première partie de l'improvisation, le jeu consiste à découvrir la lettre et à jouer la surprise face à cet élément inattendu.

La seconde partie de l'improvisation est tout entière construite en fonction de cette lettre. Chaque participant l'ouvre et en découvre le contenu. La feuille est, en réalité, blanche et chacun peut imaginer ce qu'il y est écrit. En fonction de ce qu'elle aura choisi comme contenu, la personne va développer une réaction et un jeu théâtral où interviendra une émotion. Cette émotion peut s'orienter vers la joie ou plutôt vers la stupeur et la tristesse. Le choix est totalement libre.

Ce qui est demandé aux participants, c'est de bien aller au fond de l'émotion, de l'explorer et de la laisser éclater. Il s'agit de ne pas de se laisser (sur)prendre par cette émotion, mais de la conduire pour qu'elle reste, malgré tout, jouée avec un maximum d'efficacité dramatique. Ce jeu est difficile puisqu'il introduit le paradoxe consistant à garder un contrôle de l'expression, tout en allant le plus loin possible dans le laisser-aller. « Représenter c'est rendre présent par une présence [27] » ; tel est le paradoxe sur comédien exprimé par Diderot (1773) :

« *Premier :*
Moi, je lui veux beaucoup de jugement ; il me faut dans cet homme un spectateur froid et tranquille ; j'en exige, par conséquent de la pénétration et nulle sensibilité, l'art de tout imiter ou, ce qui revient au même, une égale aptitude à jouer toute sorte de caractères et de rôles.
Second :
Nulle sensibilité !
Premier :
[...] Si le comédien était sensible, de bonne foi lui serait-il permis de jouer deux fois de suite un même rôle avec la même chaleur et le même succès ? Très chaud à la première représentation, il serait épuisé et froid comme un marbre à la troisième.
[...] Mais quoi ? Dira-t-on, ces accents si plaintifs, si douloureux, que cette mère arrache du fond de ses entrailles, et dont les miennes sont si violemment secouées, ce n'est pas le sentiment actuel qui les produit, ce n'est pas le désespoir qui les inspire ? Nullement ; et la preuve, c'est qu'ils sont mesurés ; qu'ils font partie d'un système de déclamation ; que plus bas ou plus aigus d'une vingtième partie d'un quart de ton, ils sont faux ; qu'ils sont soumis à une loi d'unité ; qu'ils sont, comme dans l'harmonie, préparés et sauvés : qu'ils ne satisfont à toutes les conditions requises que par une longue étude ; que pour être poussés juste, ils ont été répétés cent fois, et que, malgré ces fréquentes répétitions, on les manque encore ; c'est qu'avant de dire :
Zaïre, vous pleurez ou,
Vous y serez, ma fille, l'acteur s'est longtemps écouté lui-même ; c'est qu'il s'écoute au moment où il vous trouble, et que tout son talent consiste non pas à sentir, comme vous le supposez, mais à rendre si scrupuleusement les signes extérieurs du sentiment que vous vous y trompez. Les cris de sa douleur sont notés dans son oreille. Les gestes de son désespoir sont de mémoire, et ont été préparés devant une glace. Il sait le moment précis où il tirera son mouchoir et où les larmes couleront ; attendez-les à ce mot, à cette syllabe, ni plus tôt ni plus tard. Ce

tremblement de la voix, ces mots suspendus, ces sons étouffés ou traînés, ce frémissement des membres, ce vacillement des genoux, ces évanouissements, ces fureurs, pure imitation, leçon recordée d'avance, grimace pathétique, singerie sublime dont l'acteur garde le souvenir longtemps après l'avoir étudiée, dont il avait la conscience présente au moment où il l'exécutait, qui lui laisse, heureusement pour le poète, pour le spectateur et pour lui, toute liberté de son esprit, et qui ne lui ôte, ainsi que les autres exercices, que la force du corps. Le socque ou le cothurne déposé, sa voix est éteinte, il éprouve une extrême fatigue, il va changer de linge ou se coucher; mais il ne lui reste ni trouble, ni douleur, ni mélancolie, ni affaissement d'âme. C'est vous qui remportez toutes ces impressions.

L'acteur est las, et vous tristes; c'est qu'il s'est démené sans rien sentir, et que vous avez senti sans vous démener. S'il en était autrement, la condition de comédien serait la plus malheureuse des conditions; mais il n'est pas le personnage, il le joue et le joue si bien que vous le prenez pour tel: l'illusion n'est que pour vous; il sait bien, lui, qu'il ne l'est pas. »
(Diderot, Paradoxe sur le Comédien)

Par l'exercice de cette lettre, tout le travail thérapeutique s'oriente fondamentalement vers la recherche et l'expression des émotions. La première réaction, face à la lettre encore non-ouverte, est souvent déterminante pour la suite de l'improvisation et est significative sur le plan du comportement. Elle met l'accent sur une attitude particulière du protagoniste et répète peut-être des comportements qu'il connaît bien. Face à un élément inattendu, le participant aura-t-il tendance à imaginer le pire ou se contentera-t-il de simplement découvrir son contenu, sans se faire des idées préconçues ?

La suite de l'improvisation est également très riche sur le plan des enseignements. Est-il facile ou non pour le participant de se laisser aller à une émotion ?

Bien sûr, le jeu constitue parfois un obstacle. Certains affirmeront avoir beaucoup de mal à « faire semblant ». La situation n'est pas réelle, et pour d'autres, il peut être malencontreux d'imaginer ce qui se passerait sur un plan émotionnel, si elle devait se produire dans la réalité.

L'exercice dévoile aussi pour un des protagonistes la tendance à contenir les émotions, à garder à l'intérieur tout ce qui est mal vécu ou a été théâtre de leur souffrance.

La théâtrothérapie ne vise pas à déclencher les émotions ou à provoquer une libre explosion émotionnelle, le *Si magique* invite et autorise à laisser émerger de l'imagination tous les possibles laissant faire jaillir une autre vie profonde. Le *Si magique* provoque un pouvoir pressenti et qui déclenche une réaction intérieure instantanée qui mène à l'action ; le *si* agit tel un levier pour transcrire l'imaginaire par la lecture du réel.

« La création consiste moins à s'étendre qu'à se retirer (…) » Paradoxe encore : si le sujet s'efface, il laisse pourtant trace de sa voix, son ton, son style propre, sa lumière, son monde. Je cite la très belle phrase de Blanchot : « c'est la voix qui t'est confiée et non pas ce qu'elle dit. Ce qu'elle dit, les secrets que tu recueilles et que tu transcris pour les faire valoir, tu dois les ramener malgré leur tentative de séduction vers le silence que tu as puisé en eux. »[28]

LE CLOWN INTER-RIEUR

> *Un clin d'œil à Michel Marchal, dit Popol, mon fidèle ami et partenaire clown, pendant tant d'années, dans le spectacle des clowns « Jim et Popol, les clowns de l'illusion ». C'est lui qui m'a poussé sur la piste : « Mais c'est diciffile… euh, cidiffile, ficificidile, euh, difidifidicile… Oh !, zut, c'est trop difficile à dire, après tout. » (extrait du spectacle).*

L'approche et la recherche du jeu du clown de théâtre constituent un temps fort des séances de théâtrothérapie. Plus qu'*un* exercice, il s'agit d'un état d'esprit, d'une philosophie, d'une technique corporelle et verbale, d'un art de la grande tradition qui, par la découverte et l'apprentissage d'un personnage traditionnel du théâtre et du cirque, rend possible une approche de soi dans des recoins méconnus.

Le clown est le porteur des cascades des *zannis* de la Commedia dell'arte, des provocations des comiques de foire du Moyen Age, et autres insolences des bouffons.

« Aujourd'hui, le clown est devenu un personnage destiné à amuser les enfants. Il est synonyme d'enfantillages naïfs, de candeur un peu niaise, de sentimentalisme. Le clown a perdu sa capacité de provocation, son engagement politique. Il a en effet autrefois exprimé la violence, la cruauté, le besoin de justice. En réalité, il s'agit, à l'origine, d'un personnage obscène vicieux, méchant, diabolique : dans les cathédrales du Moyen Age, on trouve des représentations de bateleurs montrant leur sexe. Il ne faut pas oublier que le clown le plus ancien mentionné dans les documents en Angleterre, portait le masque de Polichinelle, le bossu, le maudit[29]. » Ce personnage deviendra plus tard le *clod,* devenu clown, cette motte de terre, ce balourd faisant de l'effet sur des pistes d'un des premiers cirques anglais au milieu du XIXᵉ siècle.

Rencontrer le clown, c'est explorer la partie obscure de notre être, notre part d'*enfant*, le lieu de nos pulsions et de nos besoins, le réceptacle des expériences vécues dans le rapport avec *le parent* et *l'adulte*, ces autres états du moi.

L'approche du clown dans la théâtrothérapie est une exploration archaïque de cette partie de la personne, à la fois pleine d'énergie, de créativité, d'imaginaire, de rupture avec la conformité, et vidée, éloignée, démise de ce potentiel enfoui dans les profondeurs d'un inconscient, toujours au bord du surgissement.

La liberté du clown d'inventer, de composer, d'interpréter son propre personnage, se différencie de celle du comédien qui se doit de se dédoubler pour jouer à être autre dans son personnage. Le rire ou le sourire, l'émotion tendre, la proximité de l'âme, la complicité et le clin d'œil au public établissent, non pas des règles, mais une aire conventionnelle tacite qui régit le jeu du clown et la place du spectateur : le clown rejoint la part du spectateur, qui, enfouie dans les frustrations ou l'inconscient, ou dans un instant de son réel, est en proie avec les difficultés de la vie.

Le clown n'exerce ni la fascination (il agace bien souvent) ni l'identification ; par le rire, il établit un rapport d'intelligence avec le public qui se relie avec des éclats de souvenirs, des instants de mémoire de son enfance. Le grotesque du clown est l'instant elliptique de gauchissement de la réalité et du soulignement exagéré des contradictions, des erreurs, des défauts, des maladresses ou des tendresses, dans une mise en scène dérisoire et fulgurante.

La venue des « gens du voyage » dans le village ou sur la place publique éveille, chez l'enfant, l'appel à la rencontre de ce bouffon du cirque, surprenant et inquiétant : le clown, l'ami des enfants... est aussi celui qui fait peur et qui fait surgir le souvenir des grandes terreurs infantiles, les angoisses de la petitesse qui se perd dans la cour des grands. La piste circulaire du cirque rassemble toute la famille : parents et grands-parents accompagnent le fiston, et vivent avec autant d'assiduité la magie du spectacle des clowns.

Sur quelle piste je joue ? Cette attirance transgénérationnelle permet, le temps du spectacle, de raviver des souvenirs, de jouir des bêtises, de revivre la difficulté longue et tenace de l'apprentissage, de l'école, des règles, du savoir-vivre, de la morale, de la politesse, à côté de ses parents. Les clowns de cirque, *le Clown blanc et l'Auguste,* représentent, à eux seuls, toute la dramatisation de la période de latence.[30] Cette période se situe au début du déclin de la phase œdipienne et traduit par un refoulement massif, désigné par Freud comme «l'énergique interruption». Elle n'est pas qu'une période de refoulement, elle est surtout le temps de l'apprentissage social et de toutes les difficultés scolaires, un temps d'activité et de nostalgie.

Les deux compères sont à la fois l'imago parental, avec leurs raideurs, leurs travers, leurs paradoxes, mais aussi, et l'Auguste en particulier, la réincarnation de l'enfant en prise avec la complexité de sa période œdipienne. Si le Clown blanc, par sa féminité, son élégance, son autorité, sa politesse excessive et sa rigidité, représente à la fois la mère et le père détenteurs de la Loi et de la toute-puissance de leur autorité, l'Auguste, ce grand dadais, est un ersatz d'adulte resté enfant ; l'adulte infantile qui répète, sans cesse, les grands drames du petit enfant : il parle comme un enfant, se trompe, déforme les mots, pleure quand il est pris en défaut, se complaît dans la pensée magique du «tout, tout de suite». Son gros derrière n'est pas sans évoquer la phase anale de l'enfant, l'apprentissage du contrôle des sphincters, et sa grande bouche symbolise la béance de l'oralité ; il est menteur, manipulateur, contourne les lois, joue avec les interdits, fanfaronne, etc. En d'autres termes, il est cette partie de l'enfant qui a grandi trop vite pour devenir un adulte non appris. Ce rappel permet de mieux comprendre le malaise ressenti par l'attitude de retrait ou de rejet de certains adultes ou adolescents à l'arrivée tonitruante des clowns, facteurs d'émergence des sentiments mélangés de dégoût, de gêne.

Il s'agit simplement de rechercher dans son potentiel de jeu, la part de soi qui «explose» entre parodie et liberté.

Le clown de théâtre diffère du clown de cirque par la découverte, à l'inté(rieur) de soi, de ce clown qui gît et surgit d'un endormissement actif. Il n'est pas le pitre, il est le tendre, le poète, le naïf, le maladroit, le malin, le provocateur, le sournois : il est tout à la fois. Le clown joue toujours : s'il meurt, il le fait en se marrant, «comme si». Il se moque de lui-même et de sa mort jamais du public. Il a un regard éclairé sur lui, jamais complaisant. Il conserve toujours cette distance, qui lui donne tant d'humanité. Le clown, chaussé du plus petit masque de théâtre, le nez rouge, véritable phare qui éclaire en permanence les spectateurs, semble être mené par le bout du nez : c'est le nez qui voit, tombe amoureux ou s'étonne : tout se projette dans cet appendice qui maintient, tout simplement le clown dans la vérité de l'instant. Entre l'indicible et le bruit, l'invisible et le spectaculaire, il est si proche et pourtant déjà lointain ; il nous croise et toise la vie, au bord de l'émoi.

LE TAROT PSYCHOLOGIQUE DE ASKENASI-AFLALO MIS EN SCÈNE

> *Le Docteur Michel AFLALO était psychiatre, Art-thérapeute et médecin-directeur du CODE et du CRIT et directeur de l'Equipe à Anderlecht. Il a fondé avec Monique Denis et Francis Couvreur, l'IRAME, Institut pour la Recherche et l'Association des Médiateurs de l'Expression. Le passage de Michel sur l'autre rive, lui, le passeur qui est passé et n'est jamais revenu, a tracé les pas de l'absence.*

Le Tarot de Askenasi-Aflalo vient s'ajouter aux plus de trois cents tarots qui existent déjà. L'origine de l'usage magique ou divinatoire du tarot se perd dans la nuit des temps ou celle des imagiers du Moyen Age, des Templiers ou des cabalistes juifs, puis des gnostiques et autres initiés grecs. Le premier jeu de cartes semble avoir fait son apparition en 1325. L'archéologue Court de Gébelin (1728-1784) fut le premier à établir le rapport entre les jeux de tarots et la cabale ainsi qu'entre l'alphabet hébraïque et l'astrologie ; dans son ouvrage, *Le Monde primitif,* il consacre plusieurs pages à l'interprétation des tarots de Marseille, qui sont un outil de quête philosophique pour l'homme en recherche au croisement des mondes visibles et invisibles.

Les arcanes du tarot (du latin *arcanus*, mystère, secret) offrent une multitude de symboles, de pensées qui consacrent l'homme dans une recherche de lui-même, de sa raison d'être et de sa mission d'être.

Aujourd'hui, le tarot d'Askenasi-Aflalo est réalisé essentiellement en collage et aérographie. Les images sont glanées dans différentes revues, découpées, agencées, sans jamais occuper plus de la moitié de la surface du tableau original (50 × 70 cm). Suit alors la peinture rehaussée de gouache (par l'artiste-peintre Marie Askenasi). Les thèmes sont inspirés du tarot de Marseille. Aux 22 arcanes majeurs s'ajoutent : l'implosion, le passeur et l'i-magicien. Il est un outil médiateur et projectif, initiant à parler de sa problématique : il devient alors psychologique, car il invite à une démarche de meilleure connaissance de soi. Les images du tarot s'offrent à la vue, en toute subjectivité, et deviennent, en art thérapie, un stimulant majeur de l'expression. Le tarot ouvre à

« un voyage dans son propre univers où s'entrecroisent, se chevauchent des images personnelles du scénario historico-familial et des images collectives, archétypales (...) comme une force inductrice à sortir de soi et à y revenir... par le mot, le geste, le son...[31]. »

Le Tarot psychologique peut nous faire penser à l'épreuve projective connue sous l'intitulé du *Test de Rorschach* (Neuropsychiatre suisse, 1921) présentant des taches d'encre fortuites, sans forme définie, qui consiste en une série de dix planches (sept sont en noir et blanc et trois en couleurs) qui induisent chez le sujet la manifestation d'une projection dans le monde extérieur de quelque chose qui est à l'intérieur de lui-même ou le *TAT* (Thematic Apperception Test) de Murray (Médecin et psychologue américain) où le sujet doit donner sens à une situation à signification pour le moins ambiguë : le matériel est constitué par une série d'images mettant en scène un ou plusieurs personnages dont l'attitude peut être interprétée très librement ; le sujet est invité à (ra)conter une histoire à propos de chaque image. Ces épreuves projectives, comme le Tarot du Docteur Michel Aflalo, sont conçues pour déclencher une réponse émotionnelle, affective et explorer ainsi le monde intérieur. Le Tarot d'Aflalo est un médiateur en art-thérapie qui donne accès au monde imaginaire et projectif par l'incitation à laisser émerger la matière brute par le corps et par la parole, quittant le divan pour rejoindre la scène. « La parole dit la parole. Elle n'ajoute rien, elle n'encombre pas ! Elle dit ce qu'elle dit, parce que c'est sa nature, sa libre nécessité. Il lui est tout à fait étranger de dire ce qu'il faut dire, comme de taire ce qu'il ne faut pas dire ; elle est étrangère au souci d'enseigner et de témoigner comme au souci d'être neutre, ou de le paraître assez pour séduire. Elle désencombre et nettoie nos vérités de ce qui les charge de mensonge. Elle fait, dans sa simplicité, la vérité de la vérité. Elle est musique, elle est absolument musique ! C'est pourquoi sa vérité est en l'oreille qui l'écoute, en l'effet que la musique opère au plus secret de celui qui, librement, l'écoute. Résonance : tel est en l'homme ce qu'il peut connaître de la vérité de toute parole touchant aux choses premières. C'est-à-dire aussi bien : ce qu'il en fait. »[32]

Dans les ateliers thérapeutiques, comme l'expriment Aflalo « les arcanes ont d'ailleurs une force inductrice qui est une véritable provocation à sortir de soi et à y revenir[33]. »

En théâtrothérapie, nous proposons de regarder les cartes, de se laisser prendre par elles, puis de se surprendre à en choisir une, celle-là, pas une autre, et de la mettre en mots au travers des projections ou des identifications possibles. Ensuite, par une courte mise en scène, l'on jouera l'invitation créatrice par le corps, le son, le geste et le mouvement.

Pour illustrer ce bel exercice, voici la présentation de quelques mises en scène, de leur analyse verbale dans l'aire du paroli et l'interprétation projective de la carte choisie. En fin de séquence nous dévoilerons le sens symbolique imaginé par Michel Aflalo, dans son univers fantasmatique.

L'exercice invite les participants à « choisir » une carte, la présenter aux autres et expliquer les raisons du choix et ce qui est vu ou imaginé dans cet arcane. Ensuite, les stagiaires vont dans l'espace scénique investi de divers tissus de couleurs et d'instruments de musique, pour créer un spectacle.

Karine a choisi *l'Impératrice* : « *Toutes les cartes étaient moches, dit-elle, j'ai pris n'importe quoi. Ce qui me frappe, ce sont les yeux, le regard. Le personnage, un homme qui est là pour juger. Le globe, en dessous du personnage. N'importe où je serai, je serai jugée, même si je suis loin de ceux que je connais.* »

Dans le jeu scénique Karine a nommé sa carte *jugement*. Elle se drape de noir, défile devant le public et dévisage de haut en bas ; s'étonne et reste placide. Brusquement, elle se dirige vers un djembé et en joue suivant un rythme. Elle quitte son tissu noir et dépose chacun des autres tissus sur l'espace. Elle saisit des clochettes et les fait vibrer au-dessus de chacune des couleurs, puis s'assied, semble s'approcher comme si elle cherchait quelque chose. Elle s'arrête et se ferme. Karine prend le tissu bleu, le vert et se love dedans, puis le rouge, puis l'arc-en-ciel et les étreint.

Dans le paroli qui suit le jeu scénique, Karine nous explique qu'il y avait deux personnages, le juge et celui qui est jugé. Deux sentiments coexistaient, l'incertitude et le réconfort. Elle s'est rendue compte, en jouant le jeu, qu'elle avait aussi ce regard de jugement, qu'elle regardait et jugeait les autres, alors qu'à l'origine, elle souffrait du regard jugeant de l'autre à son propos.

Michel Aflalo a imaginé *l'Impératrice* comme le symbole de puissance, équilibre, harmonie, maîtrise, fécondation. Altière et fière, la femme domine l'arcane, le regard tourné vers la gauche, une main contre sa hanche et l'autre servant de perchoir à l'aigle ou au faucon qui vient s'y reposer. La robe est rouge et noire, transparente ; l'attitude est à la fois hautaine et attirante. Derrière, un grand porche de pierre, noir et obscur. L'impératrice sort-elle par là ou va-t-elle y entrer ?

Discrètement un jardin l'entoure, de forme arrondie. A la vague bleue du porche succède le rouge de la lave, fusion de la terre, force, source pour l'impératrice qui a le monde à ses pieds et peut même déposer sa couronne sur une chaise. Déposer ou perdre ? Les pupilles félines vertes (espoir !) bien qu'entravées de fleurs servent de contrepoint à la puissance. Elles percent l'arcane vers la gauche, dans le même sens que le regard de l'impératrice qui dépose sa couronne et accepte sa force.

Penelope a choisi l'*Implosion :* (parle bas) *« je n'a pas envie de m'exprimer. La carte ne me plaît pas, je me suis sentie heurtée par cette carte ; il s'agit, dit-elle, de toute mon ombre que j'évite depuis le début de mon stage de théâtrothérapie. La session, jusqu'à présent, était agréable. Je ne sais que dire, mettre des mots sur ces... femmes, c'est tout ce qu'il y a de déchiré, d'obscène, de sale, de moche, de violé. C'est la déchéance. Je la retourne pour ne pas la regarder. Cette carte, je ne l'aimais vraiment pas et c'est pour cela que je l'ai prise. Ça m'a pompé. Par ailleurs, jeudi prochain, je reprends une thérapie (interrompue depuis trois ans) sur ce thème, mais je ne veux pas retomber là-dedans. »*

Pénélope a nommé sa carte *dégradation*, puis *abimation* : sur scène, elle prend le tissu rouge et le dépose sur le paravent qui fait office de coulisse. Elle retire les tissus polychromes et blanc, dépose sur la scène un médolica, les clochettes et une maraca. Elle saisit un tissu noir et s'assied dessus, les jambes écartées, puis joue avec les clochettes et pousse un cri de terreur. Pénélope semble perdue, s'écroule, rampe, repousse tout, se débat, se couvre du tissu noir, émet des sons et un chant monte. Elle se munit du tissu rouge, retire le noir et se ceint du rouge autour de la taille, sur le ventre, puis se redresse et quitte le plateau.

Au temps du paroli, Pénélope dit que ce qu'elle vient de jouer était « terrible » et sans doute pas agréable à voir pour le public. Son jeu, elle le sentait comme agressif par le lacher-prise.

L'implosion, interprétée par Aflalo, c'est la souffrance existentielle, la lame est un cri jeté à la face du monde. L'initiation est toujours angoisse de mort sublimée. En haut à gauche un aigle à nouveau basculé entre un éclat de jaune et une corolle de rose. Des visages de femme, un visage d'enfant, le regard pâle d'une poupée : recherche de l'équilibre. Au milieu de la carte, des bébés figés : vie ou mort ?

En bas à gauche, deux chatons. Une diagonale traverse la carte séparant un univers très sombre d'un autre multicolore à dominante rouge.

C'est à l'intérieur de soi que de douloureuses remises en question permettent de poursuivre son voyage personnel.

Bérénice a choisi *l'Hermite* : « *elle décrit la carte, dans ses premières impressions comme agressive et flamboyante. Je vois un monsieur en turban avec une peau colorée dans les bruns, le turban est rouge. J'y vois le symbole du voyage, d'un ailleurs. La carte représente différentes cultures, la différence. Le bâton est celui de la rolde (du théâtre), il bat le temps qui passe. C'est aérien. Le voyage, le chemin, les rencontres sur le chemin qui avance. C'est émouvant, ajoute-t-elle. Sereins et tendus, les gens regardent et se protègent face au savoir, au monde, au scientifique, à la recherche. Le petit bonhomme me rappelle l'acteur de cinéma Jean Reno.* »

Bérénice a désigné sa carte par *plénitude avec retenue* : sur le plateau, Bérénice se tient droite et dans sa verticalité, lève les bras, les rabaisse dans la lenteur, lève avec grâce une jambe qu'elle plie et déplie. Les mouvements font penser à une danse asiatique. Puis elle balance les bras, se retourne, dos au public, tourne sur elle-même et titube. Elle saisit le tissu coloré, hésite, le laisse et prend le noir, puis le dépose ; prend le jaune et le dépose, puis le rouge et le vert. Elle les a ordonnés dans l'espace. Elle se munit du djembe et se présente devant son « public de tissus de couleurs » et rythme régulièrement le tempo avec des petits chants. Ensuite, elle danse s'accompagnant d'un tambourin et salue le public.

Au paroli, Bérénice avoue qu'elle serait bien restée longtemps et voulait que les tissus soient ses camarades. Sa carte évoquait pour elle le taïchi, des choses qui sortent dans la plénitude

Michel Aflalo a imaginé la carte de *l'Hermite* comme le bateleur amoureux ; conducteur du chariot se heurte à la justice et cherche sa route auprès de l'hermite. C'est une nouvelle voie à trouver plus personnelle. L'initiation mène à une forme de sagesse. La lanterne de Diogène est ici remplacée par la lampe d'un jeune mineur noir qui éclaire de face. Ce personnage est renforcé par un indien enturbanné de rouge fuschia et un homme le menton levé : mélange des races, métissages possibles. Un instrument de mesure indique l'ouverture d'un nouveau chemin. Mais comme le souligne le groupe de personnes qui rejette un homme, choisir sa vie c'est s'éloigner seul dans son propre univers cosmique. En haut à gauche, apparaissent des planètes, symboles affectifs des mondes invisibles à rejoindre.

DU SOUFFLE À LA VIE

La théâtrothérapie, si elle est une manufacture de la parole et de l'acte, se tient aussi là où agit la pulsion créatrice, hors du verbe, dans un autre registre de langages, dans le rapport à la matière. S'éprouver à la pratique combinée des différents langages pour quitter l'énoncé de la langue et restaurer la parole dans la matière : la peinture, la terre, l'écriture, la musique, le tissu, le maquillage, le masque, le dessin.

L'association des diverses techniques expressives ouvre le champ exploratoire d'une parole qui, issue de la matière première, dans l'informe de l'art cru, réconcilie avec le toucher, le senti, l'ouï et l'inouï, le visuel et l'invisible. Ce qui surgit de l'argile, par exemple, nous pousse plus avant dans l'étonnement de la pulsion créatrice et de la mise en forme. Par le toucher de la terre, le participant retourne à l'essentiel du surgissement créatif; la terre inerte et pure de toute intention et de tout projet va laisser émerger une forme qui transmute un dedans de soi dans un au-delà. L'exercice *Du souffle à la vie* renoue avec une très ancienne tradition qui provient de la nuit des temps et qui réhabilite la capacité créatrice de l'homme : la création du *golem*.

La création du *golem* autorise l'émergence de notre potentiel de vie et de génie. Dans la culture hébraïque, l'on retrouve l'énoncé de la création de l'inachevé, du *golem*, « Je n'étais qu'un golem et tes yeux m'ont vu » (Psaume 139,16). « Yahwé-Dieu modela l'Homme avec de la glaise du sol. Il insuffla dans ses narines une haleine de Vie, et l'Homme devint personne vivante » (Genèse II, 7 et *sq.*). Le *golem* est l'ébauche de l'être, les premiers jaillissements de l'incarné. Dans la kabbale, c'est encore la matière brute informée, alors que dans le Talmud, le *golem* précède la création de l'Adam, le premier homme, le plus homme des hommes ; l'*adamah*, en hébreu, c'est la terre labourée, l'argile utilisé par Dieu, selon la tradition juive, qui est ramassée au centre de la terre, sur le mont Sion.

« Le talmud décrit les douze premières heures de la première journée d'Adam : (1) la terre est accumulée ; (2) l'argile devient un Golem ; (3) ses membres sont étendus ; (4) l'âme lui est insufflée par Dieu ; (5) Adam se tient debout ; (6) Adam nomme les êtres vivants ; (7) Eve lui est donnée ; (8) Adam et Eve se lient et procréent ; (9) interdiction portée contre Adam ; (10) désobéissance d'Adam et d'Eve ; (11) jugement rendu contre eux ; (12) Adam et Eve sont chassés du Paradis[34]. »

Une première tradition mystique évoque la puissance des lettres sacrées du nom de Dieu : YHWH. Les initiés, après avoir fabriqué le golem avec de l'argile, prononçaient le tétragramme sacré qui donnerait vie au golem. Mais si les lettres étaient mélangées, le golem ne pouvait survivre. Une autre tradition rapporte que pour insuffler la vie au golem, il fallait inscrire sur le front le mot hébreu *emet* (la Vérité) ; si on effaçait la première lettre, le mot devenait *met*, c'est-à-dire la mort : le golem était alors détruit.

La marionnette est aussi la représentation de l'humain manipulé par son créateur ; elle est son prolongement et le dédoublement de son esprit.

Au Moyen Age, des légendes ont circulé sur des savants capables d'insuffler la vie au moyen de formules magiques. La puissance du mythe est encore si forte au XXe siècle que pendant la guerre mondiale de 1940/45, les Juifs avaient commencé à fabriquer des « golems » dans les camps de concentration ou dans le ghetto de Varsovie, comme seules forces capables de les sauver de l'extermination.

Dans la théâtrothérapie, créer et utiliser le golem procède à la réminiscence du théâtre où l'espace vide de la scène porte la création du personnage enfanté, créé, issu de la terre-mère.

L'exercice commence par la rencontre avec une masse d'argile vierge : le participant, les yeux bandés, le regard tourné vers l'intérieur, en silence, fabrique son golem, le fait surgir de ses mains. L'artiste s'affronte à la résistance et à la masse de l'argile. Il le façonne, s'autorise toute imprécision, et se rend réceptif à la surprise de la forme qui sort d'un bloc dans la lumière du jour, à l'image des hagiographes du Moyen Age traduisant leurs inquiétudes sur les chapiteaux des cathédrales.

Chacun des golems est ensuite exposé à l'ensemble du groupe ; le créateur partage, par la parole, son émotion, sa surprise de cet enfantement. Le souffle de son verbe expose le golem à la Vie.

Ensuite, par un jeu corporel, le créateur, sur scène, représente la corporalité, la masse, le mouvement de son golem. Il le met en acte, en vie, dans le jeu théâtral. L'embryon est devenu l'être, toujours conduit et maîtrisé par son créateur : il écoute sa matière car elle se dit, puis il y entre, devient sa création, en prend l'attitude, lui donne mouvement et rythme ; il transcrit la forme dans l'espace, et inscrivant l'image dans une œuvre vivante portée par le souffle de l'esprit, rend le visible de l'acte premier créateur.

La catharsis et la prise de conscience

La théâtrothérapie, par le biais des jeux théâtraux et de leur analyse verbale, peut donner l'occasion à des participants de vivre des catharsis et d'accéder à une prise de conscience en profondeur de situations conflictuelles refoulées.

Pour Aristote, fils de médecin, la catharsis a d'abord eu le sens médical de purgation. Le sens moral et le sens religieux sont apparus par après : le premier apportant le soulagement de l'âme, le second, la purification dans les cérémonies religieuses. La tradition interprétative ultérieure qui, débordant le texte de la Poétique, considère qu'Aristote avait conféré au phénomène théâtral un effet de « purification des passions » : « Imitation d'une action de caractère élevé, (...) imitation qui est faite par des personnages en action et non au moyen d'un récit et qui, suscitant la crainte et la pitié, opère la catharsis propre à pareilles émotions[35]. »

Les considérations d'Aristote procèdent initialement d'une conception médicale homéopathique, à laquelle vient s'adjoindre un phénomène dont on ne peut faire abstraction au théâtre mais que certains ont tendance à oublier lorsqu'ils se réfèrent à la catharsis opérée par la vision du spectacle dramatique : la transposition.

« Aristote y insiste à plusieurs reprises : par la catharsis, le trouble où nous jette le spectacle est transposé en une joie esthétique ; (...) l'effroi et la pitié que nous éprouvons au spectacle tragique, précisément parce qu'ils sont suscités par une représentation artistique, ne sont plus des émotions violentes, comme celles de la vie ; elles sont déchargées de leur force nocive (c'est bien là le sens du verbe "cathairien"), et ce sont des émotions esthétiques à la source d'une "joie sereine"[36]. »

Plus tard, Racine et Corneille évoqueront l'action cathartique comme un déracinement de la passion. Qu'il s'agisse d'une purgation ou d'une purification, la catharsis intègre un processus de souffrance et de manifestation de celle-ci, voire de libération. En tous les cas, elle procède, comme le dit Barrucand, d'un rite de passage de type initiatique (avec une aire sacrée et une limite précise que le non initié ne peut franchir).

L'initiation est participation à un spectacle. Elle conduit les initiés à libérer en eux cette part de vieil homme mourant, et à renaître à l'incarnation de ce nouvel Adam. L'expression est ici symbolique. Elle se situe dans un nouvel espace, hors de l'espace, dans un temps, hors du temps, dans un espace-temps incréé, créé, re-créé et intègre l'homme dans sa propre cosmogonie. L'absence de repère trouble l'ensemble des sens du non initié. Le toucher, l'odeur, le son et le silence sont métamorphosés, et la marche et la démarche de celui qui cherche le sens du non-sens. Ceux qui sont les gardiens du Temple inscriront dans le corps la marque indélébile de l'épreuve. Une part de soi, la part « mauvaise » est dépossédée par l'initiation aux Mystères qui introduit l'apprenti au seuil des portes de la Connaissance.

Dans le domaine thérapeutique, la catharsis opère au niveau de la transformation de l'inconscient en conscient. Breuer et Freud ont eu largement recours à ce processus de transfert, d'abréaction, dans le cadre de leur démarche fondée, en partie importante sur l'hypnose et la parole libre et associée.

« La méthode de psychothérapie où l'effet thérapeutique est cherché, est une "purgation" (catharsis), une décharge adéquate des affects pathogènes. La cure permet au sujet d'évoquer et même de revivre les événements traumatisants auxquels ces affects sont liés et d'abréagir[37]. »
Historiquement la « "méthode cathartique" appartient à la période (1880-1895) où la thérapeutique psychanalytique se dégage progressivement à partir de traitements opérés sous hypnose »[38]. Mais, comme le précise Florence, « cette très succincte évocation des avatars de la catharsis pré-analytique et de ses transformations analytiques invite le thérapeute féru du modèle abréactif, sans cesse renaissant sous la forme de l'adage : "s'exprimer soulage" — à quelque prudence et modestie. Pousser à "faire sortir" ce que les gens ont "sur le cœur" n'amène pas les effets de la mutation personnelle attendus, comme par enchantement ou par magie. La réalité de la vie inconsciente, les paradoxes de la demande de thérapie, les contradictions et les ambivalences du souhait de guérir, à mesure que l'on avance dans un processus thérapeutique avèrent leur redoutable puissance d'opposition, de ruse, de refus.[39] ».

Retrouver l'effet cathartique de la parole et lui assurer un lieu d'accueil, d'écoute, de décharge (non pas dans le sens de débordement émotionnel, mais plutôt de libération d'un poids trop pesant, que l'on dépose avec soulagement), de représentation, est une des fonctions du théâtre thérapeutique. Il ne faut pas cependant confondre le spectacle théâtral avec la spectaculaire effusion d'une émotion sans retenue. Le psychodrame de Moreno, en amenant les participants à revivre des scènes conflictuelles tirées de leurs vies personnelles, produit souvent ce type de décharge qui prend la forme d'un débordement émotionnel incontrôlé avec pleurs, sanglots, hoquets, tremblement. Le psychodrame est une méthode thérapeutique *debout* que Moreno a créée *contre* la psychanalyse freudienne *couchée* de *l'individu isolé sur son divan*. Remarquons que Freud a parlé, de manière quasi inaperçue, des fonctions psychologiques du théâtre de l'effet libérateur déjà décrit par Aristote, et des mécanismes d'identification qui provoquaient «*un abaissement des résistances*».[40]

Le psychodrame morénien traite le patient dans sa réalité, en situation. «*Une véritable deuxième fois*», est jouée qui, par la mise en scène d'un problème libère du trauma causé par l'expérience réelle de la première fois. Dracoulidès voit dans *Les guêpes* d'Aristophane une première application du psychodrame, théâtre dans le théâtre, lorsque Bdélycléon, pour guérir son père de la passion de juger, lui fait jouer son procès (thème repris par Racine dans *les Plaideurs*).[41] Antonin Artaud (le 13 janvier 1947, au théâtre du Vieux Colombier), rongé par sa solitude et torturé par l'atrocité de son monde intérieur, a imaginé le «*théâtre de la cruauté*» pour dévoiler l'histoire de sa vie; il n'a dévoilé finalement que quelques poèmes et de nombreux silences angoissés.

En théâtrothérapie, il arrive qu'un participant soit saisi d'une émotion très forte. Tout débordement amène à une suspension immédiate du jeu ou une intervention du thérapeute qui, passant sur scène, accompagne, en douceur, le retour au calme de l'acteur, dans un total respect, de la part du groupe, de ce que la personne est en train de vivre sur le plan personnel. Par ailleurs, la rigueur de l'exercice théâtral, l'apprentissage de certaines techniques et la connaissance des lois du spectacle entretiennent chez le participant la conscience qu'il s'agit de toujours conduire le personnage pour ne pas se laisser conduire par lui, de contrôler l'émotion pour ne pas se laisser surprendre à être contrôlé par elle. Les jeux théâtraux sont avant tout fondés sur un mécanisme de transposition dans un univers de fiction.

Elaborés par l'imaginaire, ils amènent les participants à toucher l'émotion d'une manière indirecte, moins brutale et plus contrôlée. Il s'agit, par la prise de distance, d'assumer une attitude responsable par rapport à un passé dont on perçoit, à l'occasion des jeux théâtraux, les conséquences structurantes pour le présent.

La prise de conscience vise le passage au niveau conscient d'un matériau jusqu'alors cantonné dans l'inconscient. Elle met en action un processus de connaissance et de mémoire de situations traumatisantes dont le souvenir et la reviviscence affective contribuent à élaborer des processus de deuil ou de changement. Il s'agit de passer d'un passé-passé à un passé-présent vers un futur antérieur à l'ombre du conditionnel. Le comédien opère son jeu dans la tension entre les émotions de son personnage et les siennes propres.

L'histoire de l'acteur entre en dialogue avec l'histoire d'un personnage : « le personnage est plus grand que le comédien, l'œuvre est plus grande que l'artiste[42]. »

Les prises de conscience provoquées par la confrontation au jeu théâtral se poursuivent par un travail de maturation intérieure, où la réflexion se mêle à une perception nouvelle du vécu personnel. Ce travail, à travers le temps, conduit à l'analyse et à la reconnaissance par le sujet de son vécu émotionnel. L'action cathartique, par l'utilisation du rôle, doit aboutir à une prise de conscience et susciter une réorientation par une action d'élaboration, de transposition. Il s'opère alors une restructuration en profondeur de la personnalité où interviennent, tant une meilleure connaissance de soi qu'une pleine acceptation de soi (aptitude à se concevoir comme un être unique, dans sa singularité et son originalité) et qu'une confiance en ses possibilités.

L'analyse verbale

La plupart des exercices donnent lieu, par l'analyse verbale, à des prises de conscience, des réflexions et des verbalisations qui orientent le participant vers de nouvelles stratégies ou des comportements mieux adaptés. « La valeur thérapeutique de l'art, surtout dans le métier de l'acteur, réside dans la capacité de partager des expériences et des émotions qui restent enfouies bloquées et inexprimables sauf dans des conditions artistiques contrôlables. Ce n'est pas de l'exhibitionnisme pour autant[43] ». Cependant, il faut se garder de conclure trop hâtivement : il y a tellement de paramètres qui entrent en jeu (c'est le cas de le dire !) qu'on ne pourrait à partir de la scène déduire des certitudes concernant les habitudes de comportements des participants.

La théâtrothérapie n'est pas, rappelons-le une méthode qui vise à établir des diagnostics. Ainsi le théâtre naît lorsque l'Homme découvre qu'il peut s'observer lui-même, jouant et ayant été vu jouant. La parole projective du public contribue à l'élaboration mentale par les acteurs et les spectateurs de ce qui est mis en jeu. L'acteur, sur scène, bien que jouant des personnages, révèle inévitablement des aspects insoupçonnés de sa personnalité. Au théâtre, habituellement, le public reçoit le spectacle et se laisse emporter dans l'univers de la fiction sans s'interroger sur ce qu'il perçoit des acteurs : il voit des personnages pris dans le déroulement d'actions qui tissent la trame du spectacle et ne se préoccupe pas de déceler, dans le jeu des acteurs, ce qui transparaît de ce qu'ils sont vraiment ; le spectateur peut servir de miroir indirect. Après sa prestation, le participant-acteur aura la possibilité, au cours de l'analyse verbale, d'évaluer si ce qu'il a voulu faire passer dans son jeu a réellement été perçu par le public. Il peut également se rendre compte de ce qui lui a échappé ou de ce qui s'est passé malgré lui. Ainsi, le participant qui a voulu construire un personnage pleinement à l'aise et décontracté, sera parfois stupéfait de constater que le public l'a perçu porteur d'un malaise réel, transparaissant derrière le jeu.

Une petite précision s'impose : dans le domaine de l'expression, il n'y a jamais d'objectivité dans l'interprétation de ce que l'on perçoit.

Chaque membre du public regarde la scène, remarque les regards, les mimiques, les attitudes, entend des phrases, mais interprète subjectivement ce qu'il voit et entend. Pour chaque personne, le regard porté sur une action scénique fait entrer en résonance un vécu personnel ; c'est le vécu personnel qui nuancera la perception, rendant le spectateur plus sensible à tel ou tel aspect du jeu. Face à une scène forte sur le plan émotionnel, certaines personnes seront complètement émues, alors que d'autres la considéreront avec une certaine froideur. Cependant, lorsque les participants s'accordent dans leur façon de percevoir une scène, leur regard collectif est peut-être significatif de « quelque chose » qui existe bel et bien, dans une certaine objectivité. Le jeu théâtral transpose une image jusqu'au spectateur si le personnage et la personne ne sont pas confondus et qu'ils ne se jouent pas eux-mêmes, mais bien avec eux-mêmes.

La première étape de l'analyse verbale porte sur le partage du vécu des acteurs. Chacun communique la façon dont il a vécu la scène, l'état dans lequel il se sentait, comment il percevait ses partenaires, les difficultés qu'il a éprouvées, les joies ou les désagréments que lui a procurés sa prestation. Cet échange permet la confrontation fondamentale entre les personnes et les personnages, entre la réalité des sensations et la fiction du jeu théâtral. Les caractères du personnage ne sont pas ses passions, mais bien les lignes de force qui le définissent, ses points d'appui ; il est issu de la vie pour un imaginaire et n'a recours ni à la menace, ni à la force. Il ne nous oblige en quoi que ce soit. Il assure et encourage à se fier à la situation proposée. Il provoque une activité intérieure réelle et éveille notre subconscient à faire lien entre personne et personnage. C'est en la personne que se fertilise le personnage en attente d'incarnation, en latence d'ex-ister.

Chaque spectateur exprime à son tour, au cours de la deuxième étape, la façon dont il a vécu la scène et communique au groupe les résonances qu'elle a provoquées. « En écoutant le contre-vécu des autres acteurs, et, finalement du public (...), l'acteur peut connaître une révélation. Cette révélation sera souvent vécue dans la violence d'une "crise" de conscience déchirante, qui change radicalement sa façon habituelle de se voir[44]. » « Chaque imaginaire rendu image intentionnelle, geste ou parole, est une naissance personnelle, naissance jamais achevée, naissance de cet autre qui est moi, et qui émerge perpétuellement de l'inconscient que je porte en moi[45]. »

Les thérapeutes se font médiateurs afin de permettre à chacun de s'exprimer le plus complètement et le plus librement possible. Ils incitent les participants à parler en leur nom personnel, en *je,* et évitent pour ce faire, toute généralisation abusive.

Ils engagent les participants à préciser des propos qui seraient mal compris ou incomplets, à symboliser l'expérience, à se repositionner sur le plan psychique. Par ailleurs, ils s'investissent sur le plan personnel en donnant leur avis, tout comme les autres spectateurs, ne se cachant pas derrière la neutralité bienveillante. Parfois, les thérapeutes proposent à certains participants de pousser plus loin l'exploration et les réflexions, au-delà des mots et du discours, par une remise en jeu ou un nouvel exercice. Il est important que le thérapeute garde l'accès maximal au niveau très profond de la communication interactive et qu'il observe ses propres réactions inconscientes, ses désirs pour l'autre ; parce que les inconscients se communiquent sur un mode opératoire immédiat et sans retour. « Si seulement nous pouvons attendre, le patient parvient à la compréhension de manière créative et avec une joie immense, et je me fais maintenant de cette joie plus grande que celle que me donnait le sentiment d'avoir été habile. Je pense que j'interprète essentiellement pour faire connaître au patient les limites de ma compréhension. Le principe est que c'est le patient et seulement le patient qui détient les réponses[46]. »

A la fin de la séance, les thérapeutes organisent la synthèse des activités de jour. Chaque participant, non sans entrer d'abord dans un silence de mémoire, dresse le bilan du travail théâtral et thérapeutique effectué et exprime la façon dont il a vécu la séance, ses difficultés, ses critiques et souhaits éventuels.

Lorsque tout le monde a pu parler, les thérapeutes décident de « suspendre » la séance jusqu'à la prochaine réunion. La thérapie prend fin lorsque le participant trouve l'assurance de se réaliser dans le regard, l'écoute et la parole de l'autre, en association à l'œuvre humaine, et comme le dit Lacan : « le sujet commence l'analyse en parlant de lui sans vous parler à vous, ou en vous parlant à vous sans parler de lui. Quand il pourra vous parler de lui, l'analyse sera terminée. »

Conclusions

Le théâtre offre à l'homme en recherche, sur la voie de l'individuation, (*deviens ce que tu es*), la possibilité d'un travail sur l'inconscient, d'une affirmation du Moi et d'une prise de conscience de l'autre, suivies d'une prise de distance essentielle à un remaniement structural durable.

Comme l'analyse Rank,[47] l'art et l'artiste ont vécu une liaison difficile, la conception même de l'œuvre d'art a évolué au cours des temps. Dans l'Egypte ancienne, l'art se déclinait sur le mode de la rigidité ; l'absence de liberté créatrice y faisait de l'artiste un exécutant, non dépourvu de génie, certes, mais essentiellement respectueux des règles et des canons imposés en matière de figuration.

L'art grec, dans sa grandeur et sa beauté, participait quant à lui à l'expression artistique de tout un peuple.

L'homme de la Renaissance, marqué par le souffle de la vie dans l'œuvre artistique, a fait la synthèse entre l'idéal grec de beauté et les formes abstraites du gothique.

Tandis que l'art baroque, et le Rococo qui inscrit la défaite de ce dernier, ont conduit l'artiste à s'échapper progressivement des formes utilisées comme modèles, et à tendre vers une émancipation de son génie propre. « Il leur faut, pour ainsi dire, en fin de compte, sculpter leur individualité propre en la dégageant de l'idéologie dominante qu'ils ont eux-mêmes acceptée, tout comme le sculpteur qui tire ses figures de la pierre brute. A cette image de soi, il cherche, à vrai dire, à accéder à l'éternité de son individualité, mais la cause immédiate est la tendance à se préserver de l'absorption complète du moi dans le collectif ou de celle de l'individu dans l'espèce. Ce combat pour se libérer de l'art — combat que tout artiste ne doit cesser de mener — a reçu son expression culturelle à la Renaissance, période au cours de laquelle, grâce à la conception du génie, l'artiste sut échapper à la menace d'étouffement par le gothique et le classique[48]. »

L'art et la thérapie n'en nourrissent pas moins une liaison difficile, dangereuse, dirait, de façon un peu provocatrice, Jean Florence ; ils peuvent, tout à la fois, se nier et se rejoindre. Le temps théâtral de l'improvisation, et de l'expression de l'inconscient mis en mouvement, est une transcription artistique pleinement humaine. Les infinies maladresses techniques ou scénographiques échappent à la qualité du regard du spectateur-participant : l'enjeu n'est pas de produire le beau. L'acteur montre ce quelque chose de lui, qui lui échappe ou qu'il contrôle, et que le public reçoit immédiatement dans un regard contemplatif. L'histoire du personnage est d'abord celle de l'acteur, puis celle du spectateur. Ce jeu-là n'a rien de thérapeutique : jouer et jouir sont des instants de la catharsis que libère le (re)jet paroxystique. Les temps de parole, de perlaboration et de partage, sont autant de mises à distance nécessaires qui engendrent la part indicible (invisible) de la blessure de l'acteur.

Et la guérison ? Comme Freud et Lacan le suggèrent, elle vient par surcroît, à l'insu, là où le patient patiente, sur le chemin de sa quête.

L'exhibition théâtrale, le plaisir de la monstration vont, bien entendu, faire « la nique » au silence feutré du divan dans la recherche toute intérieure des processus de guérison. Et si des tensions scandent parfois le basculement entre art et thérapie, elles ne font pas moins sens dans un modèle dont l'essentiel est la *Gestaltung*, « la poussée fondamentale, anonyme, universelle qui est le reflet même en l'homme du mouvement de la vie[49]. »

La force créatrice, comme l'écrit encore Florence, est innommable et surgit d'un fond avec lequel l'artiste entre en contact par participation réceptive.

C'est l'œuvre, en se faisant, qui rend l'artiste artisan, non ce qu'il exprime. D'ailleurs que pourrait-il bien exprimer de lui ? L'artiste, en se mettant en œuvre, fouille, dans ce magma incandescent, la matière brute de la terre-mère qui produit le moment de l'œuvre.

Le thérapeute-artiste rejoint, suit ou précède le patient dans la descente et la remontée de l'acte de mise en forme ; si l'acteur passe sur la scène, sculpte et donne à sa matière forme brute ou finissante, le thérapeute passe avec lui tantôt pour lui affûter les outils, tantôt pour les lui donner.

Etre acteur ou comédien, c'est réaliser, par la *théâtralité*[50], la représentation de notre humanité. L'acteur, en jouant du théâtre, a la mission de célébrer le rituel sacrificiel et expiatoire de la création du monde (le sien) et de la souffrance ou des espérances des hommes (les siennes). L'acteur, comme la divinité, crée, sur scène, toute l'histoire de l'univers, n'échappant pas aux combats des dieux et des hommes. La remise en ordre des choses répare le chaos généré par les âpres négligences du culte rendu aux esprits.

Il ne s'agit plus de jouer la vie des dieux ou de les invoquer : la place de l'humain et de ses héros est renforcée par le jeu de l'imitation et de l'absorption des forces de vie, de l'amour, de la guerre.

Alors que se multiplient les théories de la communication et que se développent les outils médiatiques, nombre de personnes souffrent dans leur esprit et dans leur corps, d'isolement et de solitude. Les satellites transmettant l'information par Internet, sous forme analogique ou digitalisée, ne réussissent pas à remplir les vides et les manques de leur existence.

La théâtrothérapie a vu le jour pour accéder à un mieux-être, un mieux-vivre et un accomplissement de soi dans un univers bien souvent déstabilisé.

Les mises en scène de ce théâtre reposent sur la spontanéité, c'est-à-dire l'éphémère et la liberté absolue des moyens. L'individu peut créer son propre espace imaginaire dans la maîtrise de l'instant et le basculement de toute résistance intérieure. Par la spontanéité qui émerge librement, la personne évacue son stress, ses conflits et purifie en quelque sorte son corps et son esprit.

Être artiste ou thérapeute, voire les deux à la fois, est une position ambiguë : la double appartenance soumet l'artiste à la loi du théâtre, et le soignant à l'éthique de l'exercice de l'art thérapique dans un cadre distinct. Le théâtrothérapeute témoigne par son engagement artistique de l'accueil qu'il peut réserver à l'émergence de ce *quelque chose* que l'autre tient en tension d'expressivité ; l'effet de guérison apparaîtra *de surcroît* par cette présence singulière et attentive à ce qui se déploie dans l'instant du geste. L'un n'exclut pas l'autre, l'un est l'autre dans cet enjeu. Le thérapeute, s'il joue sur scène avec le patient, se situe dans l'exercice du *passeur* qui fait passer et passe, gardant cependant une constante vigilance de son agir dans le jeu.

C'est bien parce que nous sommes *artiste, comédien* et *thérapeute* que nous pratiquons l'art en thérapie et que nous passons avec audace, *du divan à la scène*, du je au jeu, du jeu au je, par une mise en forme imaginaire dans l'espace de la théâtralisation.

Mettons sous le boisseau cet idéal de la liberté de toute contrainte, comme déterminé à l'avance. «Qui veut oublier se souvient d'autant plus douloureusement ; de la même façon, qui essaie de se forcer à s'endormir reste inévitablement éveillé, qui veut se montrer particulièrement spirituel est ennuyeux, et qui veut se convaincre qu'il n'a aucune raison ni aucun droit d'être triste sombre finalement dans la dépression. La perfection présuppose l'éradication de toute imperfection. Mais nos efforts pour y parvenir et notre recherche inlassable de perfection s'emmêlent dans les étranges pièges et paradoxes de la négation[51]. »

Sertie de l'improvisation et de l'interprétation, de la verbalisation et l'analyse, la théâtrothérapie est un lieu de rupture avec cet idéal de la perfection : l'action théâtrale, par l'élargissement de l'espace intérieur nomme l'angoisse, la peur, l'agressivité, dans l'émergence d'une parole accumulée et retenue. L'acte de réconciliation avec des sentiments perdus, oubliés, retenus, cautérisés, surgit dans l'espace social d'une parole-libérée, transformée et annonciatrice d'un croisement de tous les possibles et de tous les contraires.

Dans quelle pièce je joue ? L'expérience à chaque fois répétée des rôles joués ou des mises en scène a pu, je l'espère, par la permanence de l'interrogation, sinon donner des réponses, au moins reformuler sans cesse la question.
Cette question, « *Dans quelle pièce je joue ?* », met au clair le scénario relationnel habituel, parfois étrange, dont, à notre insu, nous restons porteurs depuis la création de la grande Pièce originelle. Ainsi, la thérapie peut construire une nouvelle histoire avec des nouveaux enjeux, une nouvelle orientation de sa propre histoire. Quelles que soient les décisions prises, il s'agit de ne pas reculer : chacun peut assumer sa propre parole, une parole pleine, s'il veut jouir de l'acte de dire, instituant l'autre dans sa titularisation sans plus devoir le récuser.
La thérapie théâtrale n'est pas qu'un ensemble de techniques théâtrales, sociologiques ou psychologiques. Elle est aussi une invention « toujours à inventer » basée sur le postulat irréversible de *faire confiance à l'homme*, elle engage le thérapeute à croire fondamentalement que l'homme possède, en lui, une parole qui le conduit à réaliser sa raison d'être et son utopie.

« Et alors ce fut le soir. Et Almitra la voyante dit, Bénis soient ce jour et ce lieu et votre esprit qui a parlé. Et il répondit, Etait-ce moi qui parlais ? N'étais-je point aussi un auditeur ?
Puis il descendit les marches du Temple et tout le peuple le suivit. Et il atteignit son vaisseau et se tint sur le pont. Et se tournant vers le peuple à nouveau, il éleva la voix et dit : Peuple d'Orphalese, le vent m'invite à vous quitter. Ma hâte est moindre que celle du vent, mais je dois partir. Nous les errants, toujours à la recherche du chemin le plus solitaire, ne commençons jamais une journée là où nous avons en avons

terminé une autre; et aucun lever de soleil ne nous trouve où nous laissa le soleil couchant. Même lorsque la terre dort, nous voyageons. Nous sommes les graines de la plante tenace, et c'est dans notre maturité et notre plénitude de cœur que nous sommes livrés et dispersés[52].»

A Vézelay, Pâques 2004

NOTES

[1] La description de la méthode est inspirée de l'observation de notre activité par l'excellent travail de Pascal Lauwers «*La Théâtrothérapie, d'après Serge Minet*», Une méthode d'utilisation thérapeutique du jeu théâtral, Mémoire de Licence en Etudes Théâtrales, Louvain-la-Neuve, 1994.
[2] A. Boyer, *Manuel d'art thérapie*, Privat, Paris, 1992. Cité par Pinto De Novais Païva Nathalie, *op. cit.*, p. 23.
[3] A. Ancelin-Schutzenberger, *Introduction au jeu de rôle*, Toulouse, Editions Privat, 1975.
[4] Ancelin-Schutzenberger, *op. cit.*
[5] E. Dars, et J.C. Benoit, *L'Expression scénique*, Paris, ESF, 1979 (Collection des Sciences Humaines Appliquées).
[6] D.W. Winnicott, «*Jeu et réalité*», p. 9 1971, Paris, Gallimard, 1983.
[7] P. Attyigui, *op. cit.*, p. 141.
[8] H. Prinzhorn, «*Psychothérapie, Voraussetzungen, Wesen, Grenzen : Ein Versuch zur Klärung der Grundlagen*», Leipzig, Thieme, 1929. Cité par Jean Florence, *op. cit.*, p. 45.
[9] Jean Florence, *op. cit.*, p. 45.
[10] *Cf.* : ci-après *Le tarot psychologique de Askenasi-Aflalo mis en scène*.
[11] Laura Sheleen, *op. cit.*, p. 125, 126.
[12] L. Sheleen, *op. cit.* ; p. 60.
[13] Laura Sheleen, *op. cit.*
[14] Minet et al., «*Le jeu dans tous ses états*», rapport de la Fondation Rodin, 2004.
[15] G. et P. Lemoine, *Le psychodrame*, p. 94-95, Paris, 1972.
[16] Tout comme le rideau rouge, les trois coups, l'obscurité et le silence, les lumières qui confèrent l'ouverture à un monde mystérieux.
[17] Chevalier et Gheerbrant, «*Dictionnaire des symboles*», R. Laffont, 1982.
[18] Augusto Boal, «*Méthode Boal de Théâtre et de Thérapie*», L'Arc-en-ciel du Désir, Paris 1990 *Jeu pour acteurs et non-acteurs*, Pratique du théâtre de l'opprimé, Paris, Ed. F. Maspero, 1978.
[19] Anne Ballegeer, Mémoire de licence en journalisme et communication, Bruxelles, U.L.B, 1990-1991.
[20] L.S. Vygotsky, «*Pensée et langage*», Paris, La Dispute, 1997, voir aussi Angel RIVIÈRE, «*La psychologie de Vygotsky*», éditions Mardaga, *1991.*
[21] Laura Berk, «*Pourquoi les enfants parlent tout seuls*», Université de l'Illinois, Chil Dévelopment, Pour la science, n° 207 janvier 1995.
[22] Jean-Louis Barrault, «*visage et le corps*», Propos recueillis par O. Aslan, 1978, in *Le masque, du rite au théâtre*, Edition du CNRS, Paris, 1985.
[23] Laura Sheleen, «*Théâtre pour devenir... autre*», p. 78, Paris, E.P.I. éditeurs, 1983.

[24] Ch. Boisjoli, «*Dis-moi qui je suis*», p. 19-21, Leméac, Canada.
[25] Ch. Boisjoli, *op. cit.*
[26] A. Ballegeer, «*Contribution a une analyse du "théâtre thérapeutique" au travers d'une observation participante à long terme*», Mémoire de journalisme, 1990/1991, U.L.B, Bruxelles.
[27] Henri Gouhier, *Le théâtre et l'existence*, p. 121; J. Vrin, 1991.
[28] François Tirtiaux, «*Art et thérapie : rendons à César...*», A l'occasion de la conférence de presse de «PsycArt», Bruxelles, octobre 1998.
[29] Dario Fo, «*Qu'est-ce qu'un clown?*», Clowns et Farceurs, sous la direction de Fabbri et Sallée, Bordas, Paris, 1982.
[30] Latence : «*période qui va du déclin de la sexualité infantile (cinquième ou sixième année) jusqu'au début de la puberté et marque un temps d'arrêt dans l'évolution de la sexualité. On y observe de ce point de vue une diminution des activités sexuelles, la desexualisation des relations d'objet et des sentiments, l'apparence de sentiments comme la pudeur et le dégoût, et d'aspirations morales et esthétiques*», in Vocabulaire de la Psychanalyse, Laplanche et Pontalis, PUF, Paris, 1984.
[31] Borreman Poupée, Notes de stage, avril 2004.
[32] Maurice Bellet, «*La Voie*», Desclée de Brouwer, 2000.
[33] Askenasi Aflalo, «*Le Tarot psychologique*», Le CODE, Anderlecht, 1992.
[34] Chevalier et Gheerbrant, *op. cit.*
[35] Aristote, «*Poétique*», Paris, Les Belles Lettres, 1979. Cité par Yves Thoret *«La théâtralité»*, Dunod, 1993, Paris.
[36] D. Barrucand, *op. cit.*
[37] Abréaction : «décharge émotionnelle par laquelle un sujet se libère de l'affect attaché au souvenir d'un événement traumatique, lui permettant ainsi de ne pas devenir ou rester pathogène.», in «*Vocabulaire de la psychanalyse*», Laplanche et Pontalis, PUF, 1984, Paris.
[38] Laplanche et Pontalis, *op. cit.*
[39] Jean Florence, «*Art et thérapie. Liaison dangereuse*», p. 87, Facultés universitaires St Louis, 1997.
[40] Freud a écrit en 1904 un article intitulé *Psychopatische Personen auf der Buhne* (Personnages psychopathiques dans le théâtre).
[41] *Cf.* Psychanalyse d'Aristophane (éd. Universitaire), cité par Pierre Bour; «*Le Psychodrame et la vie*» Desclée De Brouwer, Paris, 1968.
[42] Jean Florence, *op. cit.*, p. 64.
[43] Lee Strasberg «*L'actor Studio et la méthode*», p. 136, Paris, Interéditions, 1987.
[44] Laura Sheleen, *op. cit.*, p. 117-118.
[45] Laura Sheleen, *op. cit.*, p. 120.
Aristote, «*Poétique*», Paris, Les Belles Lettres, 1979.
[46] D.W. Winnicott, *Jeu et réalité*, Paris, Gallimard, 1975.
[47] Otto Rank, «*L'art et l'artiste*», Payot, Paris, 1984.
[48] Otto Rank, *op. cit.*, p. 283, 284.
[49] Jean Florence, *op. cit.*, p. 49.
[50] Le mot *théâtralité*, écrit Yves Thoret, «*La théâtralité, Etude freudienne*», Dunod, 1993, Paris : «fut inventé par un dramaturge russe, Nicolas Evreinov. Il publia en 1908 une *Apologie de la théâtralité*. Dans cet ouvrage, il affirme que l'instinct de la théâtralité (qui se dit en russe *teatralnost*), le besoin universel pour l'homme de jouer à être un autre que lui-même, le besoin de transfiguration, est aussi puissant que la faim ou l'instinct sexuel. (…) L'homme a un besoin impérieux de théâtraliser et de ritualiser les grandes énigmes de l'existence, les fondements de la religion ou les grands moments de l'histoire».

[51] Paul Watzlawick, «*L'imparfaite perfection*», in *L'invention de la réalité,* p. 187, Le Seuil, Paris, 1988.
[52] Khalil Gibran, *Le prophète*, p. 82-83, Casterman, 1976.

ANNEXES

Paroles de comédiens-détenus

Cédric :
« Le théâtre, c'est une façon de passer son temps. C'est une activité qui est créée dans la prison, c'est amusant.

Ça a apporté déjà plus d'affinités entre les mecs, plus de contacts. La difficulté, pour moi, c'est le trac — peur de louper quelque chose, peur que l'autre en loupe une et déjà essayer de préparer la prochaine. Monter sur scène, c'est ça qui est difficile — être vu par des gens, être... essayer de les contenter — qu'ils soient contents.

C'est une super expérience. Quand je regarde une pièce à la TV, je fais attention au travail des acteurs. On se voit sur scène, on voit la difficulté qu'ils ont. J'ai appris à maîtriser ce que je fais. Le trac a fort diminué. Au début, j'osais à peine me montrer. Le travail de mémoire, c'était long, retenir toutes les tirades.

Le théâtre, c'est une animation en plus. Quand on fait ce qu'on a envie c'est toujours agréable. Il ne faut pas non plus que cela devienne un poids, un fardeau. Ici, en prison, le problème, c'est qu'il faut chaque fois des feux verts du directeur. Ce sont les seules difficultés qu'on affronte, sinon on s'amuse.

On donne beaucoup de nous-mêmes. On est content d'avoir joué. Quand ça a marché, on est content.

Le lendemain, c'est toujours beaucoup plus froid et surtout comme on est en prison, on a mis toute une préparation. Les derniers jours on a beaucoup travaillé. Le lendemain, c'est vide, et cela fait un grand froid.

On a une grande liberté pour la fin de la préparation de la pièce et les derniers jours, avant de jouer, on fait peut-être un peu plus qu'on veut. On sort de cellule tous les jours et assez longtemps, le lendemain, ça revient l'enfermement. Chaque fois, on a l'impression que cela a touché, que ça a fait mal à certains gardiens. On sent la vis qui se referme. On a l'impression de subir une répression.

Pour la pièce, il fallait la présence de deux femmes sinon ça aurait fait rire les gens, des mecs travestis. Sinon, ça dépend des mecs, il y en a qui partent en congé et qui voient des femmes, d'autres c'est sûr, qu'ils en ont envie, mais on fait un travail, on respecte les filles qui viennent. C'est des contacts bien et sûrement très importants, il en faudrait un peu plus ».

<u>Abel</u> :
« Je me suis trouvé un talent que je n'avais pas, un talent de comédien. Ça m'a plu. C'était super, à recommencer. Quand je vais sortir, pourquoi pas, aller suivre des cours d'art dramatique. Mes difficultés ? L'articulation, la prononciation. On a travaillé la voix. La mémoire, c'est très dur... »

<u>Joseph</u> :
« Ici en prison, c'est un passe-temps. Ça donne l'occasion de faire quelque chose qui sort de l'ordinaire. Il y a 4-5 ans, c'était tout à fait impensable de faire du théâtre en prison. C'est formidable ! A la limite, c'est une certaine forme de liberté. On arrive à faire dire à son rôle qu'on interprète des choses qu'on n'oserait pas dire en tant que détenu sans avoir des ennuis. Mais, grâce à l'alibi théâtral, on arrive à dire à peu près n'importe quoi. C'est une forme de liberté, une certaine victoire.

Le premier spectacle était axé sur la vie des détenus en prison, c'était formidable car c'était une fameuse porte ouverte pour pouvoir s'exprimer, pour dire tout ce qui ne va pas en prison, ce que tout le monde sait mais qu'on fait semblant de ne pas entendre, ne pas comprendre — l'air de dire : "laissons-les dire !". On ne change pas grand-chose, très lentement plus on dira, plus il y a des chances de changer. Même si c'est très lent. Pendant les répétitions, il y a des bons et des mauvais moments.

Au début, on découvre la pièce et on découvre les gags — on est les premiers à en rire ; il y a des moments de découragement, soit personnels, soit par rapport aux autres : Il y a des moments de doute : "Est-ce qu'on aura pas l'air con ?".

Le jour de la pièce, on s'aperçoit que ça va bien, on est content après la réaction des gens qui applaudissent et même si on n'est pas là expressément pour ça, c'est humain, ça fait quand même plaisir de recueillir le succès.

Le lendemain, on est crevé, toujours content, on se remet de ses émotions. Content de l'avoir fait, content d'avoir été capable de le faire. Un beau travail d'équipe et les spectateurs, du simple détenu au directeur, ont été contents ».

<u>Freddy</u> :
« Le théâtre, c'est un moyen d'expression. Ça nous permet de faire autre chose. Ça nous permet d'investir de nous-mêmes. Ça permet de s'exprimer et à travers ça de passer ainsi au-dessus d'une certaine timidité.

C'est un moyen d'évasion. Quand on fait du théâtre, on travaille beaucoup. Tous les camarades ont investi beaucoup d'eux-mêmes et quand tu penses à faire du théâtre, c'est des heures d'évasion. On est plus tellement en prison. Quand on joue pour un public, on oublie qu'on est en prison, même si c'est un public de détenus ou de personnes extérieures. Moi, à ce moment, je n'étais plus en prison ».

– <u>Serge</u> :
Où étais-tu ?
– <u>Freddy</u> :
« Ailleurs, j'étais bien. Etre comédien, c'est parvenir sans trop de mal de passer au-dessus de sa timidité, parvenir à s'exprimer devant pas mal de monde. C'est pouvoir entrer dans un personnage, dans un rôle, s'oublier soi-même, entrer dans un autre personnage. »

– <u>Serge</u> :
Quelles sont les limites du théâtre, en prison ?
– <u>Freddy</u> :
Je ne sais pas si on doit parler de limites. Il y a des sujets qui restent scabreux, par exemple, la dernière pièce, c'était un sujet épineux, on parlait de justice, de la magistrature. Si on avait voulu gueuler certaines choses qu'on dit dans le théâtre, il aurait fallu monter sur les murs de la prison, comme en 1976, casser, monter sur les murs en gueulant que c'était injuste.

Dans le passé, je n'ai connu que des prisons qui étaient dures. C'était vraiment le régime cellulaire strict. Des prisons où il n'y avait rien, pas de théâtre, et on ne laissait pas aux gens le moyen de s'exprimer. Je crois que c'est payant : le passé a démontré que je ne suis pas resté souvent en prison sans « prendre de vacances ». Ici, je fais du théâtre, je fais un tas de choses, j'essaye d'oublier que je suis en prison. Le groupe est accessible à tout le monde, mais il faut bien comprendre que tout le monde n'a pas envie de faire du théâtre. Que tout le monde n'a pas la possibilité de passer au-dessus de sa timidité.

Parmi nous, il y a des garçons pour qui c'est très dur quand tu nous fais faire des exercices. Il y a des gens que c'est impossible de faire monter sur les planches.

La solidarité dans un groupe de théâtre, c'est ce qu'on a rencontré pour la pièce précédente. Il y a des jours où tout le monde en a ras-le-bol, même moi. C'est vraiment reprendre courage, c'est dire à l'autre : « Allez, ça va, on va recommencer ! », repartir à chaque fois. Toi, tu venais une fois par semaine, tu ne te rendais pas bien compte des problèmes qu'on a rencontrés ici et du ras-le-bol des mecs qui disaient : « On n'y arrivera pas ! ». Pour finir, on y est quand même arrivé.

Ça a impliqué beaucoup de courage, de volonté de la part de tous les gars, même ceux qui avaient un petit rôle.

La solidarité en prison n'existe pas comme elle le devrait. Je crois que si tous les gars qui sont incarcérés en Belgique se donnaient la main, il y aurait beaucoup de choses qui changeraient. Il est bien évident que si les gars de la Prison de Forest ou de St Gilles se tenaient la main, cette prison devrait partir en fumée. C'est vraiment les poubelles de la Belgique. Ça ne devrait pas exister de nos jours. Là-bas, on ne fera pas de théâtre. Le théâtre est permanent, le décor est grand.

– <u>Serge</u> :

« Quel est le risque du théâtre, en prison ? »

<u>Freddy</u> :

« Je ne vois pas où est le risque. A part peut-être des sujets scabreux ou des occasions de parler à travers des pièces. Mais je ne vois vraiment pas où est le danger pour l'administration, ni pour personne d'ailleurs. Peut-être si on est vraiment en face d'un système pénitentiaire comme les gens le pensent, c'est évident qu'il y a peut-être un danger de laisser des gens s'exprimer, mais on est quand même pas au Chili et Pinochet ce n'est pas en Belgique.

Je crois qu'un être quand il est en prison, cela devrait simplement s'arrêter à la perte de la liberté. On ne lui met pas un cadenas sur la bouche, il faut lui laisser le droit de s'exprimer.

En prison, il faut parvenir à oublier, oublier qu'on y est pour un moment. Pendant des années, j'ai lutté contre un système parce que je n'avais pas admis ma peine — je n'étais absolument pas d'accord, alors que je ne suis toujours pas d'accord à l'heure actuelle.

Comme les choses ont évolué, changé, je crois qu'il faut quand même arriver à faire autre chose. Je crois qu'en faisant du théâtre on arrive à oublier pas mal de choses, même ses misères quotidiennes ».

Parole d'une initiée

Le théâtre, au stade de la pratique, demande avant tout une ouverture sur soi-même mais aussi sur les autres puisqu'on ne travaille pas seul, ne joue pas seul et ne vit pas seul.

Un dialogue s'installe entre les comédiens eux-mêmes et entre les comédiens et le public, et qui dit dialogue, dit émetteur et récepteur, des motivations et un accueil de sa sensibilité visant une réelle créativité. Je pense à l'intention intimiste du poète lisant son œuvre face à un public dont l'attente est de voir arborer des élans de vérité, d'absolu...

Le comédien a aussi un texte à faire revivre, pour cela, il lui faut convaincre ses ludions à monter du fin fond de lui-même : ludion-poète, ludion-enfant, ludion-adulte, ludion-triste, ludion-gai, ... qui sont les muses de son art (...).

Le cheminement vers d'autres personnages que l'on s'invente ou que l'on décide d'incarner nécessite une nouvelle éducation ou un nouvel apprentissage pour un être qui trouve naissance en soi. La marche et l'allure, le parler et la voix, la relation espace-corps sont tous des indices (qui déterminent la personnalité) dont il faut se rendre maîtres. L'être fier doit apprendre à se baisser pour devenir le pauvre vieux et vice-versa.

Je n'invente rien en disant cela. Mais cette constatation débouche sur deux démarches : la première consiste à oublier son vécu, son être pour se mettre dans la peau d'un autre ; la deuxième au contraire recherche dans son vécu et son être des bases pour faire fructifier ce que Stanislavski appelle la mémoire affective (mémoire des sentiments). Par la même occasion, le comédien dégage en lui, une plus grande capacité de créativité. Par la mise en pratique de l'expérience personnelle et de celle des autres, par l'élaboration d'une intériorité offerte à son personnage, la vérité joue sa carte dans l'intensité des sentiments.

Par ailleurs, une vérité découverte dans le jeu permet de découvrir une vérité hors du jeu.

Cette recherche est un témoignage que tous les arts peuvent offrir. Il serait intéressant d'écrire une nomenclature de toutes les dichotomies de la perception et de l'être et de retrouver les pairs dans les différents modes d'expression. Les absolus tels que le flou et la clarté, l'instant et l'éternité, l'énergie et la matière, l'esprit et la mémoire se rangent bien aux côtés de la vérité-réalité.
Je disais plus haut que l'on n'est pas seul.

La première fois que l'on se présente à un groupe de spectateurs, les gestes sont maladroits. J'avais des craintes. Il n'a pas fallu plus de deux secondes pour qu'elles surgissent.
Rapidement, je me suis rendue compte que les autres étaient là, c'est-à-dire d'autres « moi » avec plus ou moins les mêmes sentiments mais surtout la volonté de s'en sortir.
Ce langage non formel a un effet tensionnel s'imposant tantôt comme une arme, tantôt comme un bouclier.

La vraie solitude ne vient que lorsqu'on ne peut vivre la possession de l'arme et du bouclier.

L'expression par le corps donne une perception de l'espace à une autre dimension : le monde peut être inerte si je ne le vois qu'avec des yeux morts, je lui apporte une sensibilité visuelle, les couleurs renaissent, je lui apporte mon corps, la relativité de mon essence est présente dans une meilleure acceptation du message que je porte, tantôt un être cassé, tantôt un être fier, tantôt un être heureux, tantôt...

Aujourd'hui, je veux être un clown. Je me moquerai de moi, de cet être en moi. De ce qui arrive. Je provoquerai la maladresse ou la poésie. Je choisis de vivre avec lui comme il m'arrive de vivre en pensée avec quelqu'un qui m'est cher ; aujourd'hui ce sera un clown. Je prendrai le temps de le définir, de l'habiller, de lui donner une voix, un violon peut-être, et plus tard, une chaise à trois pieds, il se cassera la figure, ce n'est rien, après quelques larmes il retrouvera le sourire, son violon et son archet, un clair de lune ou un coucher de soleil...

Aujourd'hui, j'ai un verre rempli d'eau que je mets par terre ; un menuet de Ravel... sous la lumière, les reflets dans l'eau, dans le verre m'inspirent la même jouissance qu'un enfant qui vient de recevoir une glace ou qu'un adulte qui vient d'acquérir un imperméable un jour de pluie. Je prends le verre, ce n'est pas ce verre déposé sur la table pour le repas du soir, mais ce verre déposé pour l'éternité d'un instant d'imagination que je m'approprie.

Aujourd'hui, je lis du Prévert. Rimbaud, Rilke, Aragon, Vivier et des inconnus. La poésie est dans les mots. On peut la saisir dans la béatitude du clown devant le soleil ou dans le monde de ce vieux qui collectionne les costumes d'occasion...

Aujourd'hui, je cherche la neutralité dans mon visage.
Un masque blanc. Je ne me vois pas. Le message est parti du même fors intérieur, je crois qu'il est bien parti... La traduction n'est pas nécessaire. Elle serait absurde.

Aujourd'hui, je suis moi-même. Enfin, je tâche de l'être. Beaucoup de choses ont changé en moi. Exactement quoi ? Un peu de chacun de ces personnages, un peu de ceux qui étaient avec moi, un peu...
Et encore...
Je n'étais pas seule.
Les craintes, les aspirations, les joies, les tensions n'ont épargné personne.
Elles ont permis sans équivoque d'évoluer.
J'ai trouvé une nouvelle voie (voix) dans la création ; je ne puis donner d'échelles de valeurs entre celles que j'ai entreprises, ni même leur donner un niveau d'intérêt personnel. La peinture, la poésie et maintenant le théâtre se rencontrent, je garderai une place en moi où ils pourront rester ensemble.

Témoignage de Dominique, stagiaire.

L'animateur-théâtre

Les fonctions de l'animateur-théâtre ou du thérapeute, intervenant dans un groupe de non-spécialistes en théâtre, sont nombreuses : elles nécessitent une polyvalence de formation pour accompagner un groupe dans sa démarche de création et d'expression théâtrales.

Ces fonctions ont été étudiées par le Professeur Hervé Dupuis, responsable de l'option-théâtre de l'Université de Sherbrooke à Québec et présentées dans un ouvrage : « L'Animateur-Théâtre ».
Nous en reprendrons l'énoncé en y apportant des remarques personnelles et spécifiques à l'entreprise d'un travail de théâtrothérapie.

Rôles de l'animateur-théâtre

L'animateur peut revêtir divers rôles qui favorisent le groupe dans son évolution : rôles d'animateur de groupe, d'animateur-ressource, de participant, de formateur, de rédacteur, de théâtralisateur, d'organisateur d'activités d'animation, d'aidant

- Rôle d'animateur de groupe :

Dans cette fonction, le thérapeute va aider le groupe à assurer son bon fonctionnement. Il s'agit d'encourager les membres du groupe à clarifier les propos, la parole qui fuse, à organiser la bonne marche des réunions, des répétitions, des exigences, de l'organisation du temps, la programmation du travail. Dans la mesure où le groupe ne peut pas encore s'inscrire dans une phase d'autonomie par laquelle il peut lui-même gérer ces divers aspects, cette fonction d'animation doit être prise en charge par le thérapeute.

Les premières étapes d'un groupe sont insécurisantes et nécessitent la présence attentive d'un thérapeute informé et formé à la problématique d'un groupe dans sa dynamique.
L'effort de clarification de la parole met en lumière des propos qui peuvent rester obscurs, incomplets, déformés. Chaque participant doit

mesurer l'impact de sa parole et vérifier si l'énoncé n'est pas perturbé lors de sa réception.

A ce stade, le thérapeute intervient régulièrement pour faire la synthèse du « dire » du groupe, des décision, des questions. Cette synthèse est le miroir du fonctionnement du groupe et la mémoire de son passé.

Le bon fonctionnement d'un groupe dépend aussi de l'implication des membres, c'est-à-dire de la place que chacun occupe, veut occuper ou se voit occuper. Cette implication doit être exprimée régulièrement par les partenaires; il s'agit d'extérioriser l'expérience, le « senti » à propos du fonctionnement du groupe.

Cette expression entraîne l'apprenti comédien à une forme de compréhension des mécanismes psychologiques de l'être préparant ainsi à une approche de la compréhension des personnages du théâtre.

Avoir le droit à la parole incite à l'apprentissage de la libre expression de ce qui est vécu et invite à l'accueil de l'émotion, de la vérité de l'autre dans sa parole à lui.

Dans le cadre d'une approche de sociothérapie théâtrale, il ne s'agit pas cependant de privilégier l'étude systématique de la dynamique du groupe au détriment de la construction d'un travail (le spectacle) qui ne manquera pas, par ailleurs, d'interpeller les membres du groupe sur la réalité « réelle ». Le groupe de théâtre n'est en rien un séminaire de « training group » centré sur l'évacuation des fantasmes ou des délires moïques, ni un groupe de « mariage-rencontre ».

S'il y a thérapie, processus de changement social, d'adaptation sociale ou d'intégration sociale, c'est par l'expérience du réel, mais du réellement vécu ensemble au travers d'un objectif commun (cible commune ultime) que s'affrontent les difficultés relationnelles, les désirs, les angoisses, les souffrances et les joies.

L'action de verbalisation dynamise la compréhension événementielle par une mise en perspective et une réappropriation des difficultés ou des situations vécues.

Le thérapeute va encourager les membres à préciser, maintenir et poursuivre la cible commune, c'est-à-dire l'intentionnalité du groupe dans la perspective de la réalisation d'un spectacle. « Que voulons-nous exprimer dans notre création ? » — « Pourquoi voulons-nous exprimer cela ? » — « Qu'est-ce qui nous rassemble, quel est le degré dans notre engagement ? »

A cette occasion, le groupe se donne le temps de procéder à une meilleure connaissance de chacun, de préciser le rôle de chacun, celui de l'animateur (sa liberté, ses contraintes, son pouvoir).

C'est le temps de l'installation des premiers liens de solidarité. Le groupe, sécurisé, s'unit. Le groupe est un lieu de fomentation des images. Dès que des êtres humains sont réunis, des sentiments les traversent, des désirs mais aussi des peurs, des angoisses, les excitent ou les paralysent, une émotion commune s'empare d'eux et leur donne une impression d'unité (d'après Didier Anzieu).[1] Anzieu remarque aussi que l'expression du désir dans le groupe, comme l'expression du désir dans le rêve, est un désir à la fois réprimé la veille mais aussi un désir réprimé dans la petite enfance.

Cela signifie que tous nos désirs non satisfaits dans les relations interindividuelles de la vie privée (privée de quoi ?) et dans la vie sociale sont reportés dans le groupe de manière à y trouver enfin la réalisation attendue.

Les échanges entre inconscients dans un groupe aboutissent à des constructions fantasmatiques fugitives ou stables qui peuvent paralyser ou stimuler l'action. Un modèle mythique repris dans beaucoup de groupes qu'il nous paraît important de citer, puisqu'il est, du point de vue de l'inconscient, l'amorce d'un travail thérapeutique, est le mythe de la « quête du Graal ».[2] Pour Yung, le Graal signifie et symbolise la recherche de la plénitude intérieure que les hommes ont toujours cherchée et continuent à chercher. Les membres d'un groupe ne consentent à s'intégrer qu'à partir du moment où certains besoins fondamentaux sont satisfaits dans le groupe.

Schutz a répertorié trois besoins fondamentaux : *le besoin d'inclusion, le besoin de contrôle* et *le besoin d'affection.*

Le *besoin d'inclusion* est le besoin que ressent tout nouveau membre d'un groupe de se percevoir et de se sentir accepté, intégré, valorisé à part entière.

Le *besoin de contrôle* consiste pour chaque membre à se définir pour lui-même ses propres responsabilités dans le groupe ainsi que celles des autres du groupe.

Le *besoin d'affection* rencontre le désir d'obtenir des preuves de compter à part entière aux yeux du groupe : c'est le secret désir d'être perçu comme irremplaçable dans le groupe.

En conclusion, le groupe devra vivre des étapes de maturation inhérentes à tout système social qui tracent un passage obligé pour parvenir à une réalisation pleine, à une réalité de groupe, à une vérité de groupe.

La première étape est le moment de l'établissement de la sécurité dans le hic et nunc (l'ici et maintenant). Etre ensemble procède bien sûr d'un plaisir réel mais aussi d'une angoisse profonde. Pour l'individu, la situation groupale est fondamentalement conflictuelle ; il a besoin des autres pour la réalisation de ses propres désirs, mais il cherche aussi à préserver sa liberté, son indépendance à l'égard des autres (angoisse de l'unité perdue — du Moi brisé).

L'insécurité se traduit par le port de masques sociaux : *le groupe se débat dans son néant.*

La deuxième étape de maturation s'ouvre sur l'établissement de la sécurité et la confiance interpersonnelles. Les masques peuvent tomber, chacun peut devenir soi dans l'authenticité. La rencontre peut avoir lieu : *le groupe se cherche.*

A ce moment, le groupe devient un « bon groupe ». Il a le sentiment de son unité (mais il n'en a pas encore l'expérience). C'est le temps de la rêverie nostalgique d'une vie groupale où tout le monde s'aime, se comprend. C'est aussi le temps de « l'illusion groupale ». *Le groupe se sent exister* comme réalité, comme organisme. Cependant, nous constatons que cette « réalité imaginaire contraste avec les tensions, les drames, les antagonismes, les malentendus, les ostracismes dont tout groupe vivant ne manque pas d'en subir les conséquences ou d'en créer les causes » (Didier Anzieu).

« *L'enfer, c'est les autres* » affirme Sartre (« Huis Clos »).

L'enfer, c'est la lucidité de la rencontre entre les personnes, le regard, la parole de l'autre sur moi, l'univers projectif par lequel je prête à l'autre des sentiments qui sont miens. L'enfer est la parole qui ne dit plus ou qui dit plus (ou moins) que ce qu'elle veut bien signifier. Alors, le groupe se voit contraint de se donner des structures, de définir des rôles, de distribuer des fonctions, d'élaborer des procédés de décision : *le groupe s'organise.*

L'étape ultime du processus de maturité indique le passage à une phase d'auto-régulation par laquelle le groupe se prend lui-même en charge. Il opte pour l'autonomie et l'interdépendance : *le groupe se contrôle, se réfléchit et se gouverne.*

La mission du thérapeute est accomplie, le groupe peut associer la vie collective à l'acte de création par « l'énergie de solidarisation » qui « sera produite par le plaisir qu'aura chacun de travailler avec chaque personne du groupe. Si tous les participants sont emballés par le spectacle qui est en train de se créer, si tout le monde est bien ensemble et a du plaisir à travailler ensemble, l'énergie circulera abondamment dans le groupe et le "moteur" tournera à fond. » (Hervé DUPUIS).

- Rôle d'animateur ressource

Par ce rôle, le thérapeute va préparer les comédiens au travail théâtral à l'interprétation, l'improvisation, aux règles et conventions théâtrales. Chaque exercice est expliqué et par une verbalisation, le participant est invité à dire son expérience, sa satisfaction, son émotion (*cf.* chapitres précédents).

- Rôle de participant

Le thérapeute, aussi comédien, connaît le plaisir de la création et du jeu théâtral. Il peut, suivant la demande du groupe, et avec discrétion, collaborer à la réalisation du spectacle à des titres divers : comédien, technicien, machiniste, maquilleur...

- Rôle de formateur

Le thérapeute adopte le rôle de formateur quand il doit donner aux membres du groupe une formation en interprétation, scénographie, animation, nécessaire à la poursuite de la cible commune ultime.

- Rôle de rédacteur

L'animateur aide le groupe à rédiger le texte du scénario lors d'une création collective.

- Rôle de théâtralisateur

Le théâtralisateur rend spectaculaire ce qui ne l'est pas dans son essence : un texte, une idée, un geste. A la différence du metteur en scène traditionnel qui poursuit son idée de mise en scène, le théâtralisateur discute avec l'ensemble du groupe de la mise en scène. Le groupe décide et opte pour telle ou telle orientation.

- Rôle d'organisateur d'activités d'animation

Les activités d'animation peuvent suivre le spectacle et susciter des échanges entre le public et la troupe.

Il s'agit de discussions, de témoignages, d'expositions de livres, d'exercices pratiques, de théâtre-forum, etc. Par ces activités, les comédiens peuvent prolonger la signification du spectacle et vérifier l'écho qu'il a eu dans le public.

- Rôle d'aidant

Par son rôle d'aidant, le thérapeute répond à toute demande d'aide individuelle en créant un climat de confiance dans la relation d'aide.

La relation d'aide est une relation particulière par laquelle une personne (l'aidant) accompagne par l'écoute et par la parole une autre personne (l'aidée) qui sollicite une assistance pour opérer son ajustement personnel à une situation à laquelle elle ne s'adaptait pas normalement. Cela suppose que l'aidant est capable de comprendre le problème dans les termes où il se pose pour la personne et de l'aider à évoluer personnellement dans le sens de sa meilleure adaptation sociale. L'approche de la relation d'aide préserve avant tout la recherche de l'autonomie ; le but n'est pas de proposer des solutions (peut-être réalistes), mais bien de conduire la personne à une croissance qui lui permet de prendre en charge, elle-même, les solutions ou l'affrontement personnel face au problème présent. La pratique de l'aide psychologique se caractérise par la demande du sujet et par l'écoute particulière de l'aidant. Par sa parole, l'aidant essaye d'amener son partenaire à une mise en perspective de l'objet de sa demande, c'est-à-dire à comprendre ce que la demande signifie pour lui, à cerner toutes ses composantes.

Le rapport établi entre les deux partenaires ne vise à objectiver ni les sujets, car la parole de la personne aidée se profile toujours dans un horizon où ce qui n'a pas encore été formulé peut encore se déployer à tout instant, ni le discours. L'écoute de l'aidant est une écoute de ce qui se dit mais aussi de ce qui ne peut encore se dire et qui reste sous silence. Ecouter, c'est se décentrer pour inviter l'autre à prendre sa place.

Par sa parole, l'aidant va d'abord reconnaître en l'autre qu'il est un sujet, engagé dans une problématique particulière dont l'essence et la vérité sont siennes. L'autre attend d'être reconnu, là où il est, avec ses conflits, ses révoltes, ses souffrances. L'attitude continue de l'aidant si elle doit être empathique, c'est-à-dire une présence intuitive à l'autre qui ne se centre pas sur soi, mais sur autrui, totalement attentif à ce que l'autre exprime tout en restant soi, mais sans défense, doit aussi préserver cette distance si nécessaire en fondant *un intervalle de discrétion*, selon l'expression de Levinas, qui préserve le lieu de l'intime non dévoilé de la *toute-puissance du vouloir thérapeutique*.

De la parole d'un Sage

« Puis un érudit dit : Parlez-nous de la conversation. Et il répondit :
Vous parlez lorsque vous cessez d'être en paix avec vos pensées. Et quand vous ne pouvez séjourner davantage dans la solitude de votre cœur, vous vivez dans vos lèvres et la voix est diversion et passe-temps.

Et dans beaucoup de vos entretiens, la pensée est à moitié assassinée.

Car la pensée est un oiseau d'espace qui peut vraiment déployer les ailes dans une cage de mots, mais non voler.

Il est parmi vous ceux qui recherchent le bavard de peur d'être seuls.

Car le silence de la solitude révèle à leurs yeux leurs âmes nues et ils voudraient se fuir.

Et il est ceux qui parlent et, sans connaissance ou préméditation, découvrent une vérité qu'ils ne comprennent pas eux-mêmes.

Et il est ceux qui ont la vérité en eux-mêmes, mais ils ne la disent pas en paroles.

Dans le sein de ceux-ci, l'âme habite dans un silence rythmique.

Lorsque au bord du chemin vous croisez votre ami, ou sur la place du marché, que l'âme qui est en vous meuve vos lèvres et dirige votre langue ;

Faites que la voix qui est au-dedans de votre voix parle à l'oreille de son oreille, car son âme gardera la vérité de votre cœur, comme revient le goût du vin, quand la couleur en est oubliée et que la coupe n'est plus. »

De la conversation KHALIL GHIBRAN — Le prophète

Bibliographie

ABRAHAM, *Introjecter-incorporer*, Nouvelle revue de psychanalyse, p. 111-121, 1972.
AFLALO, ASKENASI, *Le tarot psychologique,* Le CODE, Anderlecht, 1992.
ANTONNETTI C., *Entraînement à l'Expression Orale,* 1974.
ANZIEU D., *Le Groupe et l'Inconscient*, Dunod, 1981.
ARISTOTE, *Poétique*, Paris, Les Belles Lettres, 1979.
ARTAUD A., *Le Théâtre et son Double*, Paris, coll. «Fol. Essais» Gallimard, 1964.
ATTIGUI P., *De l'illusion théâtrale à l'espace thérapeutique*, Denoël, 1993.
BALLEGEER A., *Contribution à une analyse du «théâtre thérapeutique» au travers d'une observation-participante à long terme*, U.L.B. Mémoire de licence en journalisme et communication, Bruxelles, 1990-1991.
BARRUCAND D., *Freud, La Catharsis dans le théâtre, la psychanalyse et la psychothérapie de groupe*, EPI, 1970.
BARTHES R., préface de F. Flahault, *La parole intermédiaire*, Paris, Ed. du Seuil, 1978.
BEER G., «*L'Art de Dire*», 1924.
BELLENGER L., *L'Expression Orale,* ESF, 1981.
BOAL A., *Méthode Boal de Théâtre et de Thérapie*, L'Arc-en-ciel du Désir, Paris, 1990.
BOYER A., *Manuel d'art thérapie*, Privat, Paris, 1992.
BRECHT B., *Ecrits sur le Théâtre*, Arche, 1972.
BROOK P., *L'espace vide*, Seuil, Paris, 1977.
CELINE L.F., *L.F. Céline vous parle*, Paris, La Pléiade, t. 2.
CHEVALIER & GHEERBRANT, *Dictionnaire des symboles*, Laffont, Paris, 1982.
COLINS H., *Notice sur l'hospice de Charenton, un Journal inédit du marquis de Sade*, Gallimard, Paris, 1963.
DARIO FO., *Qu'est-ce qu'un clown?* Clowns et Farceurs, sous la direction de Fabbri et Sallée, Bordas, Paris, 1982
DARS E. et BENOIT J.C., *L'Expression scénique*, ESF, 1979
DEVOS R., *Matière à rire*, Plon, 1993.
DUPUIS H., *L'animateur théâtre*, Université de Sherbrooke, Québec.
FANCHETTE J., *Psychodrame et théâtre moderne*, Coll. 10/18, Buchet Chastel, Paris, 1977.
FLORENCE J., *Ouvertures Psychanalytiques*, Bruxelles, Facultés Universitaires St Louis.
FLORENCE J., «*La fantaisie intermédiaire. Les identifications théâtrales*», Notes de cours Psychologie et Théâtre, UCL, 1982/83.
FLORENCE J., *A propos de l'identification*, Psychodrame et Psychanalyse, Cahier d'une journée d'études, UCL, 1977.

FLORENCE J., *Art et thérapie. Liaison dangereuse*, Facultés universitaires St Louis, 1997.

FOSSION P. et REJAS M.C., Siegi Hirsch : Au cœur des thérapies, Eres, 2001.

GARNIER-BONNOT-MATHERON, *Le Psychodrame, une psychothérapie analytique*, Paris, 1981.

GIBRAN K., *Le prophète*, Casterman, 1976.

GORI R., *Le Corps et le Signe dans l'Acte de Parole*, Dunod, 1980.

GOUHIER H., *Le théâtre et l'existence*, p. 121 ; J. Vrin, 1991.

GUSDORF G., *La Parole*, PUF, 1952, 9ᵉ édition 1986.

GRAINDORGE M., *L'affrontement*, Edition Vie Ouvrière.

GUSDORF G., *La parole*, p. 8, Paris, 1986, PUF.

JOURDAIN M., *La danse une parole*, Paris, Le Centurion, 1982.

JOUVET L., *Le comédien désincarné*, Paris, Flammarion, 1954.

JUNG C.G., *Dialectique du moi et de l'inconscient*, Traduit de l'allemand et annoté par le Dr Roland Cahen. N.R.F. Gallimard. «Les Essais» CXIII. Paris. 1964. N.R.F « Idées ». Paris.

JUNG C.G., *Ma vie*, Gallimard, 1966.

LACAN J., *Ecrit*, Paris, Seuil, 1966.

LAHAY M., *Guide d'Expression Orale*, 1986 (Sous la direction de...).

LAPLANCHE (J) et PONTALIS (JB), *Vocabulaire de la Psychanalyse*, PUF, Paris, 1984 et 1994

LAUWERS P., *La Théâtrothérapie, d'après Serge Minet*, Une méthode d'utilisation thérapeutique du jeu théâtral, Mémoire de Licence en Etudes Théâtrales, Louvain-la-Neuve, 1994.

LECOQ J., *Le corps poétique*, Actes Sud, 1997.

LELOUP J.Y., *Désert, déserts*, p. 12, Albin Michel, Paris 1996.

LEMOINE G. et P., *Le psychodrame*, Laffont, Paris, 1972.

LEUTZ G.A., *Mettre sa vie en scène*, Epi, 1985.

MENAHEM R., *Langage et Folie*, Les belles lettres, 1986, « Langages », 2ᵉˢ rencontres psychanalytiques d'Aix en Provence, 1983.

MEYER M., *Le comique et le tragique*, PUF, 2003.

MIQUEL J.P., *Le théâtre et les jours* Flammarion, 1986.

MINET S., MEJIAS S., DRUINE Ch., *Le jeu dans tous ses états*, Rapport de la Fondation Rodin, 2004.

MORENO J.L., *Théâtre de la Spontanéité*, EPI, 1982.

PANDOLFI V., *Histoire du théâtre*, p. 12, Marabout université, 1968.

NEUBURGER R., *Le mythe familial*, ESF, 1995.

PANDOLFI V., *Histoire du théâtre*, Marabout Université, 1968.

PASQUIER J., *Comment Parler en Public*, Solarama, 1982.

PINTO DE NOVAIS PAÏV N., *Expérience de théâtrothérapie en hôpital de jour*, Mémoire, p. 46, Université Libre de Bruxelles, 1996-1997.

RANK O., *L'art et l'artiste*, Payot, Paris, 1984.

SCHÜTZENBERGER A.A., *Précis de psychodrame*, Ed. Universitaires, Paris, 1966.

SCHOTT-BILMANN F., *L'improvisation est-elle thérapeutique ?* Art et Thérapie, n° 34-35, juin 1990.

SEGAL H., *Délire et Créativité*, Coll. des Femmes, 1987.
SHELEEN L., *Théâtre pour Devenir Autre*, EPI, 1983.
SPITZ R., *De la Naissance à la Parole*, PUF, 1973.
SPITZ R., *Le non et le oui*, Paris, PUF, 1973.
STANISLAWSKI C., *La construction du personnage*, Editions Pygmalion / Gérard Watelet, Paris, 1984.
STRASBERG L., *L'actor Studio et la méthode*; p. 13, Paris, Interéditions 1987.
THORET Y., *La théâtralité, Etude freudienne* Dunod, 1993, Paris.
VASSE D., *Le poids du réel, la souffrance*, p. 66, Paris, Seuil, 1983.
VASSE D., *Le temps du désir*, Paris, Seuil, 1969.
VYGOTSKY L.S., « *Pensée et langage* », Paris : La Dispute, 1997.
VILLIERS A., *La psychologie du comédien*, Mercure de France, Paris, 1942.
WATZLAWICK, HELMICK, BEAVIN, JACKSON, *Une logique de la communication*, Paris, Le Seuil, 1972.
WINNICOTT D.W., *Jeu et réalité*, p. 9, Paris, Gallimard, 1983.

Dixi

« Je rencontrai un être indéfinissable, taciturne et patient, assis comme un sphinx aux portes suprêmes de l'existence.
Je me pris à l'aimer à cause de son malheur et de son abandon et je me sentis relevé par cette sympathie et cette pitié. Je me sentis ravi quand, pour la première fois, une parole sortit de sa bouche.
On n'en voulait rien croire, et j'attribuais à mon ardente volonté ce commencement de guérison.
Je passais des heures entières à lui chanter d'anciennes chansons de village (...). J'eus le bonheur de voir qu'il les entendait et qu'il répétait certaines parties de ces chants. Un jour, enfin, il ouvrit les yeux et je vis qu'ils étaient bleus (...). Il se mit aussitôt à parler (...) et me reconnut me tutoyant et m'appelant frère. » — Gérard de Nerval (Porte d'Ivoire)

Une patiente définissait le thérapeute comme un « empêcheur de passer à l'acte » (l'acteur passe, lui, *par* l'acte) : il n'empêche rien, il est là, pour donner accès à un temps initiatique de découverte de tous les possibles, restaurant chez le patient sa capacité de choisir et de décider, dans le saisissement de l'espoir de vivre sa guérison créatrice, comme un acte de liberté.

Il s'agit de s'asseoir, de se re-poser, d'écouter son audace, et de s'accorder un regard de tendresse. Mais surtout, il s'agit de se mettre en mouvement, et comme je le dis, à chaque fin de séance : vive valeque, vis et porte-toi bien.

Car il s'agit de vivre et de se porter, soi-même, et bien.

NOTES

[1] Didier Anzieu, « *Le groupe et l'inconscient* », Denod, 1981.
[2] Le Graal est un plat creux qui a le pouvoir de nourrir (don de la vie), d'éclairer (illuminations spirituelles) et de rendre invincible. (Julius Evola dans Boucher Jules — La symbolique maçonnique). Le Graal est au centre de l'histoire des Croisades, époque de la reconquête du Tombeau du Christ à Jérusalem.

Table

Prologue : Dans quelle pièce, je joue ? 11

Introduction : Le théâtre, une audace thérapeutique ? 15
La flamme fatale 21
Le malade imaginaire 25

Chapitre premier
De la parole... 27

Du silence 29
La parole 33
De l'individuation selon C.G. Jung 37
De la parole subversive 41
Du langage 45
Une parole incorporée 51
Du souffle 53
Du regard 57

Chapitre II
... A l'acte théâtral 61

Le théâtre initiatique 63
La sociothérapie théâtrale 71
De l'improvisation à l'interprétation 79

Chapitre III
Un chemin thérapeutique 93

La théâtrothérapie 95
Le théâtre spontané 99

La symbolique théâtrale 103
Du trac 109
Déroulement des séances 111
La cérémonie du thé 113
L'échauffement 115
Des exercices de théâtre 119
Le monologue collectif 120
Le jeu du masque 121
Le miroir cassé 123
Le jeu corporel et sonore 124
Le tabouret vide 124
L'évasion dans l'imaginaire 125
Les caractères 125
Le double 126
La mauvaise nouvelle au téléphone 127
L'aparté 127
Le renversement des rôles 128
La situation professionnelle 128
La rencontre 129
La lettre 131
Le clown inter-rieur 135
Le Tarot psychologique de Askenasi-Aflalo 138
Du souffle à la vie 143
La catharsis et la prise de conscience 145
L'analyse verbale 149

Conclusions 153

Annexes
Paroles de comédiens-détenus 163
Parole d'une initiée 167
L'animateur-théâtre 171
De la parole d'un sage 177
Bibliographie 179
Dixi 183

CHEZ LE MÊME ÉDITEUR

PSYCHOLOGIE ET SCIENCES HUMAINES
collection publiée sous la direction de MARC RICHELLE

1 Dr Paul Chauchard : LA MAITRISE DE SOI. *9ᵉ éd.*
7 Paul-A. Ostrrieth : FAIRE DES ADULTES. *21ᵉ éd.*
9 Daniel Widlöcher : L'INTERPRETATION DES DESSINS D'ENFANTS. *13ᵉ éd.*
11 Berthe Reymond-Rivier : LE DEVELOPPEMENT SOCIAL DE L'ENFANT ET DE L'ADOLESCENT. *13ᵉ éd.*
22 H.T. Klinkhamer-Steketée : PSYCHOTHERAPIE PAR LE JEU. *4ᵉ éd.*
24 Marc Richelle : POURQUOI LES PSYCHOLOGUES ? *6ᵉ éd.*
25 Lucien Israel : LE MEDECIN FACE AU MALADE. *5ᵉ éd.*
27 B.F. Skinner : LA REVOLUTION SCIENTIFIQUE DE L'ENSEIGNEMENT. *3ᵉ éd.*
38 B.-F. Skinner : L'ANALYSE EXPERIMENTALE DU COMPORTEMENT. *2ᵉ éd.*
40 R. Droz et M. Rahmy : LIRE PIAGET. *7ᵉ éd.*
42 Denis Szabo, Denis Gagné, Alice Parizeau : L'ADOLESCENT ET LA SOCIETE. *2ᵉ éd.*
43 Pierre Oléron : LANGAGE ET DEVELOPPEMENT MENTAL. *2ᵉ éd.*
49 T. Ayllon et N. Azrin : TRAITEMENT COMPORTEMENTAL EN INSTITUTION PSYCHIATRIQUE
59 Jacques Van Rillaer : L'AGRESSIVITE HUMAINE
64 X. Seron, J.L. Lambert, M. Van der Linden : LA MODIFICATION DU COMPORTEMENT
65 W. Huber : INTRODUCTION A LA PSYCHOLOGIE DE LA PERSONNALITE. *7ᵉ éd.*
66 Emile Meurice : PSYCHIATRIE ET VIE SOCIALE
68 P. Sifnéos : PSYCHOTERAPIE BREVE ET CRISE EMOTIONNELLE
69 Marc Richelle : B.F. SKINNER OU LE PERIL BEHAVIORISTE
70 J.P. Bronckart : THEORIES DU LANGAGE
71 Anika Lemaire : JACQUES LACAN. *8ᵉ éd. revue et augmentée.*
72 J.L. Lambert : INTRODUCTON A L'ARRIERATION MENTALE
73 T.G.R. Bower : DEVELOPPEMENT PSYCHOLOGIQUE DE LA PREMIERE ENFANCE. *4ᵉ éd.*
74 J. Rondal : LANGAGE ET EDUCATION
75 Sheila Kitzinger : PREPARER A L'ACCOUCHEMENT
76 Ovide Fontaine : INTRODUCTION AUX THERAPIES COMPORTEMENTALES
77 Jacques-Philippe Leyens : PSYCHOLOGIE SOCIALE, *nouvelle édition 1997*
78 Jean Rondal : VOTRE ENFANT APPREND A PARLER. *3ᵉ éd.*
79 Michel Legrand : LE TEST DE SZONDI
80 H.J. Eysenck : LA NEVROSE ET VOUS
81 Albert Demaret : ETHOLOGIE ET PSYCHIATRIE
82 Jean-Luc Lambert et Jean A. Rondal : LE MONGOLISME. *4ᵉ éd.*
84 Xavier Seron : APHASIE ET NEUROPSYCHOLOGIE
85 Roger Rondeau : LES GROUPES EN CRISE ?
86 J. Danset-Léger : L'ENFANT ET LES IMAGES DE LA LITTERATURE ENFANTINE
87 Herbert S. Terrace : NIM. UN CHIMPANZE QUI A APPRIS LE LANGAGE GESTUEL
88 Roger Gilbert : BON POUR ENSEIGNER ?
89 Wing, Cooper et Sartorius : GUIDE POUR UN EXAMEN PSYCHIATRIQUE
90 Jean Costermans : PSYCHOLOGIE DU LANGAGE
91 Françoise Macar : LE TEMPS, PERSPECTIVES PSYCHOPHYSIOLOGIQUES
92 Jacques Van Rillaer : LES ILLUSIONS DE LA PSYCHANALYSE. *4ᵉ éd.*
93 Alain Lieury : LES PROCEDES MNEMOTHECHNIQUES
94 Georges Thinèse : PHENOMENOLOGIE ET SCIENCE DU COMPORTEMENT
95 Rudolph Schaffer : COMPORTEMENT MATERNEL
96 Daniel Stern : MERE ET ENFANT, LES PREMIERES RELATIONS. *3ᵉ éd.*
98 Jean-Luc Lambert : ENSEIGNEMENT SPECIAL ET HANDICAP MENAL
99 Jean Morval : INTRODUCTION A LA PSYCHOLOGIE DE L'ENVIRONNEMENT

100 Pierre Oleron *et al.* : SAVOIRS ET SAVOIR-FAIRE PSYCHOLOGIQUES CHEZ L'ENFANT
101 Bernard I. Murstein : STYLES DE VIE INTIME
102 Rondal/Lambert/Chipman : PSYCHOLINGUISTIQUE ET HANDICAP MENTAL
103 Brédart/Rondal : L'ANALYSE DU LANGAGE CHEZ L'ENFANT. *2ᵉ éd.*
104 David Malan : PSYCHODYNAMIQUE ET PSYCHOTHERAPIE INDIVIDUELLE
105 Philippe Muller : WAGNER PAR SES REVES
106 John Eccles : LE MYSTERE HUMAINK
107 Xavier Seron : REEDUQUER LE CERVEAU
108 Moreau/Richelle : L'ACQUISITION DU LANGAGE. *5ᵉ éd.*
109 Georges Nizard : ANALYSE TRANSACTIONNELLE ET SOIN INFIRMIER
110 Howard Gardner : GRIBOUILLAGES ET DESSINS D'ENFANTS, LEUR SIGNIFICATION. *3ᵉ éd.*
111 Wilson/Otto : LA FEMME MODERNE ET L'ALCOOL
112 Edwards : DESSINER GRACE AU CERVEAU DROIT. *9ᵉ éd.*
114 Blancheteau : L'APPRENTISSAGE CHEZ L'ANIMAL
115 Boutin : FORMATION ET DEVELOPPEMENTS
116 Húsen : L'ECOLE EN QUESTION
117 Ferrero/Besse : L'ENFANT ET SES COMPLEXES
118 R. Bruyer : LE VISAGE ET L'EXPRESSION FACIALE
119 J.P. Leyens : SOMMES-NOUS TOUS DES PSYCHOLOGUES ?
120 J. Château : L'INTELLIGENCE OU LES INTELLIGENCES ?
121 M. Claes : L'EXPERIENCE ADOLESCENTE
122 J. Hayes et P. Nutman : COMPRENDRE LES CHOMEURS
123 S. Sturdivant : LES FEMMES ET LA PSYCHOTHERAPIE
124 A. Pomerleau et G. Malcuit : L'ENFANT ET SON ENVIRONNEMENT
125 A. Van Hout et X. Seron : L'APHASIE DE L'ENFANT
126 A. Vergote : RELIGION, FOI, INCROYANCE
127 Sivadon/Fernandez-Zoïla : TEMPS DE TRAVAIL, TEMPS DE VIVRE
129 Hamers/Blanc : BILINGUALITE ET BILINGUISME
130 Legrand : PSYCHANALYSE, SCIENCE, SOCIETE
131 Le Camus : PRATIQUES PSYCHOMOTRICES
132 Lars Fredén : ASPECTS PSYCHOSOCIAUX DE LA DEPRESSION
133 Mount : LA FAMILLE SUBVERSIVE
135 Dailly/Moscato : LETARELISATIONE T LATERALITE CHEZ L'ENFANT
136 Bonnet/Tamine-Gardes : QUAND L'ENFANT PARLE DU LANGAGE
137 Bruyer : LES SCIENCES HUMAINES ET LES DROITS DE L'HOMME
138 Taulelle : L'ENFANT A LA RENCONTRE DU LANGAGE
139 de Boucaud : PSYCHOLOGIE DE 'LENFANT ASTHMATIQUE
140 Duruz : NARCISSE EN QUETE DE SOI
143 Debuyst : MODELE ETHOLOGIQUE ET CRIMINOLOGIE
144 Ashton/Stepney : FUMER
145 Winkel *et al.* : L'IMAGE DE LA FEMME DANS LES LIVRES SCOLAIRES
146 Bideau/Richelle : PSYCHOLOGIE DEVELOPPEMENTALE
147 Schmid-Kitsikis : THEORIE CLINIQUE ET FONCTIONNEMENT MENTAL
148 Guggenbühl/Craig : POUVOIR ET RELATION D'AIDE
149 Rondal : LE LANGAGE ET COMMUNICATION CHEZ LES HANDICAPES MENTAUX
150 Moscato *et al.* : FONCTIONNEMENT COGNITIF ET INDIVIDUALITE
151 Château : L'HUMANISATION OU LES PREMIERS PAS DES VALEURS HUMAINES
152 Avery/Litwack : NEE TROP TOT
154 Kellens : QU'AS-TU FAIT DE TON FRERE ?
155 Rondal/Henrot : LE LANGAGE DES SIGNES. *2ᵉ éd.*
156 Lafontaine : LE PARTI PRIS DES MOTS
157 bonnet/Hoc/Tiberghien : AUTOMATIQUE, INTELLIGENCE ARTIFICIELLE ET PSYCHOLOGIE
158 Giovannini *et al.* : PSYCHOLOGIE ET SANTE
159 Wilmotte *et al.* : LE SUICIDE
160 Giurgea : L'HERITAGE DE PAVLOV

161 Ionescu : MANUEL D'INTERVENTION EN DEFICIENCE MENTALE N° 1
162 Ionescu : MANUEL D'INTERVENTION EN DEFICIENCE MENTALE N° 2
163 Pieraut-Le Bonniec : CONNAITRE ET LE DIRE
164 Huber : PSYCHOLOGIE CLINIQUE AUJOURD'HUI
165 Rondal *et al.* : PROBLEMES DE PSYCHOLINGUISTIQUE
166 Slukin : LE LIEN MATERNEL
167 Baudour : L'AMOUR CONDAMNE
168 Wilwerth : VISAGES DE LA LITTERATURE FEMININE
169 Edwards : VISION, DESSIN, CREATIVITE. *3ᵉ éd.*
170 Lutte : LIBERER L'ADOLESCENCE
171 Defays : L'ESPRIT EN FRICHE
172 Broome Walace : PSYCHOLOGIE ET PROBLEMES GYNECOLOGIQUES
173 Aimard : LES BEBES DE L'HUMOUR
174 Perruchet : LES AUTOMATISMES COGNITIFS
175 Bawin-Legros : FAMILLES, MARIAGE, DIVORCE
176 Pourtois/Desmet : EPISTEMOLOGIE ET INSTRUMENTATION EN SCIENCES HUMAINES. *2ᵉ éd.*
177 Sloboda : L'ESPRIT MUSICIEN
178 Fraisse : POUR LA PSYCHOLOGIE SCIENTIFIQUE
179 Ruffiot : PSYCHOLOGIE DU SIDA
180 McAdams/Deliège : LA MUSIQUE ET LES SCIENCES COGNITIVES
181 Argentin : QUAND FAIRE C'EST DIRE...
182 Van der Linden : LES TROUBLES DE LA MEMOIRE
183 Lecuyer : BEBES ASTRONOMES, BEBES PSYCHOLOGUES : L'INTELLIGENCE DE LA 1ʳᵉ ANNEE
184 Immelmann : DICTIONNAIRE DE L'ETHOLOGIE
186 Fontana : GERER LE STRESS
187 Bouchard : DE LA PHENOMENOLOGIE A LA PSYCHANALYSE
188 Chanceaulme : MOURIR, ULTIME TENDRESSE
189 Rivière : LA PSYCHOLOGIE DE VYGOTSKY
190 Lecoq : APPRENTISSAGE DE LA LECTURE ET DYSLEXIE
191 de Montmolin/Amalberti/Theureau : MODELES DE L'ANALYSE DU TRAVAIL
193 Grégoire : EVALUER L'INTELLIGENCE DE L'ENFANT
194 Gommers/van den Bosch/de Aguilar : POUR UNE VIEILLESSE AUTONOME
195 Van Rillaer : LA GESTION DE SOI
196 Lecas : L'ATTENTION VISUELLE
197 Macquet : TOXICOMANIES ET FORMES DE LA VIE QUOTIDIENNE
198 Giurgea : LE VIEILLISSEMENT CEREBRAL
199 Pillon : LA MEMOIRE DES MOTS
200 Pouthas/Jouen : LES COMPORTEMENTS DU BEBE : EXPRESSION DE SON SAVOIR ?
201 Montangero/Maurice-Naville : PIAGET OU L'INTELLIGENCE EN MARCHE
202 Colin A. Epsie : LE TRAITEMENT PSYCHOLOGIQUE DE L'INSOMNIE
203 Samalin-Ambose : VIVRE A DEUX
204 Bourhis/Leyens : STEREOTYPES, DISCRIMINATION ET RELATIONS INTERGROUPES
205 Feltz/Lambert : ENTRE LE CORPS ET L'ESPRIT
206 Francès : MOTIVATION ET EFFICIENCE AU TRAVAIL
207 Houziaux : EDUCATION DU PATIENT ET ORDINATEUR
208 Roques : SORTIR DU CHOMAGE
209 Bléandonu : L'ANALYSE DES REVES ET LE REGARD MENTAL
210 Born/Deville/Mercier/Snad/Beeckmans : LES ABUS SEXUELS D'ENFANTS
211 Siguan : L'EUROPE DES LANGUES
212 de Bonis : CONNAÎTRE LES EMOTIONS HUMAINES
213 Retschitzki/Gurtner : L'ENFANT ET L'ORDINATEUR
214 Leyens/Yzerbyt/Schadron : STEREOTYPES ET COGNITION SOCIALE
215 Tiberghien : LA MEMOIRE OUBLIEE
216 Wynants : L'ORTHOGRAPHE, UNE NORME SOCIALE
217 Rondal : L'EVALUATION DU LANGAGE
218 Moreau : SOCIOLINGUISTIQUE, CONCEPTS DE BASE

219 Rouquette : LA CHASSE À L'IMMIGRE
220 Grubar/Duyme/Cote et al. : LA PRECOCITE INTELLECTUELLE DE LA MYTHOLOGIE A LA GENETIQUE. 2ᵉ éd.
221 Pomini et al. : THERAPIE PSYCHOLOGIQUE DES SCHIZOPHRENIES
222 Houdé et al. : DESCARTES ET SON ŒUVRE AUJOURD'HUI
223 Richelle : DEFENSE DES SCIENCES HUMAINES
224 Leclercq : POUR UNE PEDAGOGIE UNIVERSITAIRE DE QUALITE
225 Gillis : L'AUTISME ATTRAPE PAR LE CORPS
226 Pithon : LES TENDANCES ACTUELLES DE L'INTERVENTION PRECOCE EN EUROPE
227 Montangero : REVE ET COGNITION
228 Stern : LA FICTION PSYCHANALYTIQUE
229 Grégoire : L'EVALUATION CLINIQUE DE L'INTELLIGENCE DE L'ENFANT
230 Otte : LES ORIGINES DE LA PENSEE
231 Rondal : LE LANGAGE : DE L'ANIMA AUX ORIGINES DU LANGAGE HUMAIN
232 Gauthier : POUVOIR ET LIBERTE EN POLITIQUE - ACTUALITE DE SPINOZA
233 Zazzo : UNE MEMOIRE POUR DEUX
234 Rondal : APPRENDRE LES LANGUES
235 Keller : PERCEVOIR : MONDE ET LANGAGE
236 Richard : PSYCHIATRIE GERIATRIQUE
237 Roussiau/Bonardi : LES REPRESENTATIONS SOCIALES
238 Liénard : L'INSERTION : DEFI POUR L'ANALYSE, ENJEU POUR L'ACTION
239 Santiag-Delefosse : PSYCHOLOGIE DE LA SANTE
240 Grosjean : VICTIMISATION ET SOINS DE SANTE
241 Edwards : DESSINER GRACE AU CERVEAU DROIT
242 Borillo/Goulette : COGNITION ET CREATION
243 Ranwet : VICTIMES D'AMOUR
244 Bénesteau : MENSONGES FREUDIENS
245 Jacob : LA CURIOSITE
246 Mantz-Le Corroller : QUAND L'ENFANT DE SIX ANS DESSINE SA FAMILLE
247 Bourguignon : QUESTIONS ETHIQUES EN PSYCHOLOGIE

Manuels et Traités

Droz-Richelle : MANUEL DE PSYCHOLOGIE. *5ᵉ éd.*
Rondal-Esperet : MANUEL DE PSYCHOLOGIE DE L'ENFANT. *Nlle éd.*
Rondal-Seron : LES TROUBLES DU LANGAGE. *Nlle éd.*
Fontaine-Cottraux-Ladouceur : CLINIQUES DE THERAPIE COMPORTEMENTALE. *2ᵉ éd.*
Godefroid : LES CHEMINS DE LA PSYCHOLOGIE. *2ᵉ éd.*
Seron-Jeannerod : NEUROPSYCHOLOGIE HUMAINE. *2ᵉ éd.*